AQUI VOCÊ ENCONTRARÁ UM BÔNUS EXCLUSIVO, NÃO DEIXE DE ACESSAR!

Escaneie o QR code e eleve sua jornada de conhecimento.

PAULO VIEIRA, PhD
AUTOR BEST-SELLER COM MAIS DE 12 MILHÕES DE LIVROS VENDIDOS

O PODER DA AÇÃO NAS FINANÇA$

Os segredos definitivos para sair do zero e prosperar a ponto de realizar todos os seus sonhos

Diretora
Rosely Boschini

Gerente Editorial
Rosângela de Araujo Pinheiro Barbosa

Editora Júnior
Natália Domene Alcaide

Assistente Editorial
Mariá Moritz Tomazoni

Produção Gráfica
Fábio Esteves

Preparação
Andréa Bruno

Capa, Projeto Gráfico e Diagramação
Plinio Ricca

Equipe Febracis
Gabriela Alencar
Luana Rocha
Lucas Reis
Maggie Paiva
Pedro Guilherme
Victória Rocha

Revisão
Giulia Molina Frost

Impressão
Rettec

CARO(A) LEITOR(A),
Queremos saber sua opinião sobre nossos livros. Após a leitura, siga-nos no **linkedin.com/company/editora-gente**, no TikTok **@editoragente** e no Instagram **@editoragente** e visite-nos no site **www.editoragente.com.br**. Cadastre-se e contribua com sugestões, críticas ou elogios.

Rua Natingui, 379 – Vila Madalena
São Paulo, SP – CEP 05443-000
Telefone: (11) 3670-2500
Site: www.editoragente.com.br
E-mail: gente@editoragente.com.br

Todas as citações bíblicas foram padronizadas de acordo com a Bíblia Nova Versão Internacional (NVI).

Dados Internacionais de Catalogação na Publicação (CIP)
Angélica Ilacqua CRB-8/7057

Vieira, Paulo
O poder da ação nas finanças : os segredos definitivos para sair do zero e prosperar a ponto de realizar todos os seus sonhos / Paulo Vieira. - São Paulo : Editora Gente, 2023.
192 p.

ISBN 978-65-5544-376-9

1. Sucesso nos negócios 2. Desenvolvimento profissional 3. Finanças pessoais 4. Riqueza I. Título

23-4224 CDD 650.1

Índice para catálogo sistemático:
1. Sucesso nos negócios

NOTA DA PUBLISHER

A maior parte das pessoas, para não dizer todas, aspiram a enriquecer. Mesmo assim, poucos conseguem de fato atingir esse objetivo, e a maior parte dos recursos encontra-se na mão de uma extrema minoria. *Como essas pessoas conseguiram?* É o que todos desejam saber. Visionárias, determinadas, persistentes – acho que você, leitor, concorda comigo que essas são características comuns a todas elas. E o Paulo Vieira é, com certeza, um bom exemplo de todas essas características.

Após o enorme sucesso de O *poder da ação*, agora esse autor excepcional, e grande amigo, retorna com o propósito de desvendar os segredos do enriquecimento com uma obra que reúne todo o conhecimento e as habilidades necessárias para, assim como ele, você também alcançar o sucesso financeiro e exponencial.

O poder da ação nas finanças certamente irá transformar sua perspectiva sobre dinheiro e enriquecimento pessoal. Com maestria, Paulo explora a intersecção entre a mentalidade empreendedora e a estratégia prática, revelando um caminho para a riqueza que pode ser percorrido por qualquer um e desmistificando a ideia de que a riqueza é reservada apenas para poucos privilegiados. Todos têm o poder de alcançar a prosperidade financeira por meio da ação assertiva.

Com seu talento especial para cativar os leitores que você já conhece, Paulo transmite aqui um conhecimento muito valioso que vai mudar a sua vida. Você está pronto para essa jornada de prosperidade e realização? Boa leitura!

Rosely Boschini
CEO e Publisher da Editora Gente

Este livro é dedicado a vocês, que têm a coragem de sonhar alto e a determinação de transformar seus sonhos em realidade. Com o coração grato, dedico esta obra a Deus, à minha família e a todos os que buscam desvendar os segredos do sucesso financeiro e conquistar uma vida de abundância e prosperidade.

Que cada capítulo seja um convite à ação, fazendo com que você adote hábitos financeiros saudáveis e tome decisões sábias. Que este seja o primeiro passo para você se capacitar e superar os desafios financeiros que estão ao seu redor, com a emoção e as pessoas certas.

Não se esqueça de que, mesmo diante das adversidades, o poder de transformar a sua vida está em suas mãos. Com a combinação de sonhos, conhecimento e ação, você tem o potencial de alcançar o inimaginável. Que este livro seja o parceiro constante nessa jornada e o encoraje a explorar seus limites e a crescer além das expectativas, construindo uma vida abundante e repleta de significado.

Com total confiança no seu potencial e determinação,

Paulo Vieira

AGRADECIMENTOS

Em primeiro lugar, gostaria de agradecer a Deus, Senhor e salvador da minha vida, que me trouxe inspiração para escrever esta obra e me permitiu ter os encontros, conhecimentos e valores necessários para chegar até aqui. Foi através de Sua força, de Seu amor e de Sua generosidade que fui capaz de reunir energia, força de vontade e ação para alçar voos que antes considerava inimagináveis.

Quero expressar também minha profunda gratidão à minha família, por me apoiar, cuidar de mim e participar de todas as minhas empreitadas com amor, dedicação e honra. Eu provavelmente não seria ou teria metade do que sou e tenho hoje se não tivesse ao meu lado a esposa incrível e os filhos maravilhosos que me cercam. Camila, Julia, Mateus e Daniel, vocês (juntamente a Deus) são o alicerce que me mantém de pé.

Agradeço, com muita humildade, a todos aqueles que de alguma forma fizeram parte da minha trajetória como consultor, como master coach e como escritor best-seller. Sou imensamente grato aos meus mentores, que me moldaram e me fizeram desenvolver alta performance para transformar pessoas e negócios por meio de um método comprovado e eficaz na transformação humana.

Além disso, quero agradecer também a todas as pessoas que me acompanham e abrem seus corações, suas mentes e suas vidas para serem, de alguma forma, impactadas pelo Coaching Integral Sistêmico, seja por meio do Método CIS, das minhas *lives*, dos meus livros, das mentorias, das sessões de coaching ou mesmo de uma palavra trocada em algum corredor de treinamento. Saber que meu trabalho pode melhorar de alguma maneira as suas vidas também me dá forças para continuar e buscar sempre a minha melhor versão.

Por fim, gostaria de dizer que o conhecimento que adquiri ao longo dos anos sobre finanças foi colocado neste livro para auxiliar pessoas a alcançarem um novo patamar de suas vidas financeiras. Dessa forma, agradeço por ter tido a oportunidade de entender como alcançar o sucesso financeiro e agora poder compartilhar esse conhecimento com tantos outros. Espero que este projeto, que só foi possível pelo apoio e trabalho de tantas pessoas, toque cada um de vocês.

SUMÁRIO

INTRODUÇÃO

O que é mais fácil: ser um surfista excepcional, um atleta de alto nível ou um multimilionário? Se escolheu a primeira opção, você errou.

Ser extraordinário em qualquer atividade exige esforço, dedicação, treino, ousadia, coragem e disposição para abrir mão do conforto e de muitas coisas prazerosas em detrimento de seu objetivo.

Há alguns anos, em Paris, fui coach de um jogador do clube de futebol Paris Saint-Germain (PSG) que me confidenciou que jogava o esporte profissionalmente desde os 8 anos e, para isso, teve de abrir mão da infância para chegar aonde chegou. Anos depois, fui coach de uma dupla olímpica de vôlei de praia. Uma das jogadoras se preparava em média oito horas por dia durante quase toda a carreira. Ela, com orgulho, me disse: "Você não tem noção de tudo o que tive de abrir mão na minha vida para estar aqui nesta Olimpíada".

Ao ler esses relatos, você deve imaginar como eu me sinto quando olho para empreendedores, profissionais e empresários querendo sucesso máximo mesmo sem estar dispostos a ter uma dedicação extraordinária. Empreendedores que querem ser ricos, mas não buscam treinamentos ou capacitação, não têm coragem, não ousam fazer mais e melhor.

Quem tem espírito e mentalidade pobre acredita que pessoas se tornam ricas por pura sorte ou porque alguém as ajudou. Isso não é verdade, pois os verdadeiramente ricos pensam, agem e se comportam de maneira diferente de indivíduos pobres ou de mentalidade mediana. **Ser rico é uma combinação de crenças de identidade, capacidade e merecimento.** E se você ainda não pensa dessa forma, deve reconstruir suas crenças financeiras.

Já se perguntou por que ganhar e ter dinheiro é difícil para você? Por que você se sente inferior diante de algumas pessoas? Ou, ainda, por que se sente um peixe fora d'água quando entra em ambientes ultrassofisticados?

Pessoas verdadeiramente ricas já são ricas e prósperas antes mesmo de acumular recursos financeiros e patrimoniais. Elas são abundantes na maneira de pensar e agir. Elas sabem que há o suficiente para que todos prosperem e que a própria riqueza gerará prosperidade na vida dos outros. Por isso, não precisam ser espertas, malandras, ou "se dar bem" nas relações e negociações. São justas, honestas e leais sempre. Dessa maneira, atraem as pessoas e os negócios certos e são constantemente requisitadas em momentos importantes nos quais a prosperidade e o crescimento estão sendo manifestados.

Pessoas verdadeiramente ricas já são ricas e prósperas antes mesmo de acumular recursos financeiros e patrimoniais. Elas são abundantes na maneira de pensar e agir.

Nada pode impedir uma mente sadia e treinada de enriquecer. Nem crises econômicas, nem regimes políticos, nem pandemias ou o que for. Durante a pandemia de covid-19, não apenas eu, mas muitos dos meus clientes ganharam muito dinheiro em uma época na qual outros perderam tudo o que tinham. Tempos atrás, na crise de 2008, eu e muitos dos meus clientes também ganhamos dinheiro enquanto tantos outros perderam tudo. Como tudo isso foi possível? Por sorte? Creio que esse não foi o único motivo. Fique atento: se você seguir as orientações deste livro e colocá-las em prática, sua mente estará pronta para direcionar suas emoções, comportamentos e até interferir no mundo quântico ao seu redor. Então, preocupe-se menos e faça o que tem de ser feito. O sucesso não está relacionado apenas a ser produtivo. Conheço muitas pessoas produtivas, porém pobres e sem recursos. O algoritmo a ser compreendido aqui é que, além de produtivo, você precisa ser efetivo.

"E como fazer isso, Paulo?", você deve ter se perguntado. Ser efetivo é ter certeza de que suas ações estão levando-o na direção dos seus objetivos financeiros. O sucesso não está apenas em acordar cedo, mas, sim, em acordar cedo, se exercitar bem, se conectar com Deus em oração e leitura, tomar um bom café da manhã, deixar os filhos no colégio, checar toda a agenda de tarefas do dia e descobrir que ainda não são nem 8 horas da manhã e você já produziu mais e melhor do que 80% da população. **Lembre-se de que o sucesso virá mediante a sua capacidade de agir: agir certo e na velocidade certa.** Mas não só isso! O que pouco se fala é que as ações, certas ou erradas, são acumulativas. Quanto mais ações produtivas e efetivas você executar, mais perto e consistente estará do seu sucesso financeiro.

E é justamente sobre isso que trata este livro. Anos atrás, quando escrevi e publiquei *O poder da ação*, eu buscava ajudar as pessoas a entender a importância de suas ações na construção da vida extraordinária que tanto desejavam. Agora, trago a máxima do "tem poder quem age" para explicar que existem ações certas e específicas que, se realizadas na velocidade e na constância corretas, podem transformar completamente a sua vida financeira. Dito isso, sei que muitas vezes parece que o que fazemos não surte efeito. Quando isso acontecer, atente-se a duas coisas:

1. Em vez de se prender ao resultado, reveja suas ações. Livre-se de tudo que você fez de errado e improdutivo no passado;
2. Se estiver fazendo muitas coisas, concentre-se nas ações certas para alcançar seus objetivos.

Você está preparado para repensar suas ações e, de mente e coração abertos, aprender aquilo que pode finalmente levá-lo ao sucesso financeiro? Espero que a sua resposta tenha sido sim, pois a partir de agora quero guiá-lo por uma jornada que eu tenho trilhado ao longo dos anos para construir e aperfeiçoar, cada vez mais, o meu pilar financeiro. Desejo a você uma ótima leitura e a coragem, a dedicação e a ousadia necessárias para mudar tudo.

COMO LER ESTE LIVRO

Sua jornada de transformação financeira está prestes a começar. Porém, antes de iniciarmos, gostaria de explicar como é possível extrair o máximo dos conteúdos que você lerá pelos próximos dias. Este livro é um guia abrangente sobre finanças que revelará conceitos e estratégias para transformar a sua vida financeira. Nas páginas seguintes, trago um conteúdo cuidadosamente projetado para ajudá-lo a alcançar a riqueza, mesmo que comece do zero. Preparado?

O livro foi pensado e desenvolvido para que você encontre um conjunto de princípios fundamentais que podem moldar sua mentalidade, sua ação e seus resultados para levá-lo a um caminho de sucesso financeiro. Assim, você notará que esta obra foi dividida em seis partes, cada uma delas com um propósito, que se complementam na construção da sua jornada de conhecimento. As partes do livro são:

Parte 0 – entendendo o básico: esta etapa da jornada foi construída a partir do pensamento de que o óbvio precisa ser dito. Nela, estão contidas informações que todos precisam saber para não caírem na cilada de que é possível enriquecer em um passe de mágica ou por meio de atalhos.

Parte 1 – os segredos que os fazedores de fortunas não contam: aqui você vai descobrir a forte ligação entre alguns conceitos/comportamentos com a riqueza, mesmo que antes ninguém tenha lhe contado sobre isso.

Parte 2 – o enriquecimento na prática: nesse momento, você conhecerá quais habilidades são necessárias para enriquecer de fato e transformar verdadeiramente o seu pilar financeiro. Assim, conhecerá as perícias em fazer, poupar e investir o seu dinheiro.

Parte 3 – os três comportamentos universais do sucesso: você quer ser bem-sucedido? Aqui você descobrirá quais são os três comportamentos fundamentais e universais para ser bem-sucedido em qualquer área da vida, não só a financeira.

Parte 4 – armadilhas da riqueza: muitos não prosperam porque estão presos, foram pegos por armadilhas que os impedem de crescer, mas que por vezes sequer percebem. Nessa parte, você descobrirá que armadilhas são essas e como superá-las.

Parte 5 – sua mente como acelerador do upgrade: é chegado o momento de entender ou lembrar que a sua mente pode trabalhar a seu favor ou contra você nesse crescimento. Por isso, aqui trago conceitos e comportamentos para fortalecê-la.

Parte 6 – princípios sobrenaturais de riqueza: por último, para finalizar este livro que já vem completamente permeado por princípios de alta performance e enriquecimento, decidi dar destaque a dois sem os quais você jamais será capaz de prosperar e evoluir.

Divididas em capítulos que proporcionam uma leitura rápida, cada uma dessas partes foi separada com a intenção de ajudar você a construir uma jornada de riqueza sólida e previsível, com resultados fortes e permanentes. Mas isso só será possível quando você inserir este livro em sua rotina, abrir sua mente para seus ensinamentos e implantá-los verdadeiramente.

Inicie sua jornada de riqueza compreendendo a importância de uma mente treinada e hábitos bem desenvolvidos e disciplinados. Afinal, a riqueza não é uma questão de sorte ou circunstâncias externas, mas fruto de uma mentalidade cultivada e de ações constantes e fundamentadas. Assim, você descobrirá que enriquecer é uma ciência exata.

Leve o tempo que for! Se viver a verdadeira riqueza é um desejo tão seu quanto ter uma vida feliz, ela será alcançada. Por isso, meu objetivo é fornecer um caminho claro e detalhado para ajudá-lo a começar sua jornada rumo à riqueza. E o que mais importa aqui é que você seja intencional, agindo de modo consistente em direção ao objetivo de tornar-se próspero e abundante.

Um forte abraço.

A riqueza não é uma questão de sorte ou circunstâncias externas, mas fruto de uma mentalidade cultivada e de ações constantes e fundamentadas.

PARTE 0

ENTENDENDO O BÁSICO

CAPÍTULO 1

QUEM VOCÊ QUER SE TORNAR COM A LEITURA DESTE LIVRO?

Ao começar a leitura deste livro, você deve ter notado que eu o convidei para aprender conceitos e práticas necessárias para transformar completamente a sua vida financeira. Mas, antes disso, gostaria que você respondesse às perguntas a seguir.

Quem você quer se tornar com a leitura deste livro? Qual é o seu objetivo financeiro?

Agora, antes de mais nada, em um livro que promete ajudar você, leitor(a), a alcançar a riqueza, é preciso esclarecer alguns conceitos. O primeiro deles, claro, é o que é a riqueza em si. Pode-se dizer que a verdadeira riqueza é abundância, é ter mais do que apenas o necessário para si e poder transbordar para os outros. **Riqueza, portanto, é poder compartilhar e, assim, impactar positivamente aqueles à sua volta.**

Existem três tipos de pessoa no tocante à riqueza, ao patrimônio e à independência financeira. O **primeiro tipo** não sabe fazer dinheiro e, por isso, nunca tem o suficiente para pagar por suas necessidades básicas. É dependente de outras pessoas, de modo que alguém precisará pagar por sua moradia, alimentação, educação etc. Conhece alguém assim?

O **segundo tipo**, e o mais comum, não está disposto a ajudar, amparar ou socorrer financeiramente ninguém além de si mesmo, seja ganhando fortunas ou migalhas. Paga por sua moradia, alimentação, transporte e até pela diversão e lazer (uma pequena parcela dessas pessoas consegue até mesmo fazer sobrar dinheiro a ponto de investir), mas gasta tudo consigo mesmo, nunca sobrando o suficiente para ajudar o necessitado e carente.

Existe, por último, o **terceiro tipo**, que, seja lá quanto ganha, consegue fazer sobrar dinheiro para poupar e investir e ainda ajuda o próximo, o necessitado, o carente.

Quem você gostaria de ser? O tipo 1, que necessita de ajuda externa para pagar suas contas mais básicas? Ou, quem sabe, você prefira ser o tipo 2, que, de maneira egoísta, só tem recursos suficientes para si mesmo, independentemente de quanto ganha. Ou ainda você pode preferir ser o tipo 3, que tem para si e para os outros, que transborda.

Da minha parte, decidi ser o tipo 3. Como diz na Bíblia: "os ímpios tomam emprestado e não devolvem, mas os justos dão com generosidade" (Salmos 37:21). E você, qual dos três tipos vem sendo e qual tipo decide ser a partir de agora?

____

____

____

"É melhor dar do que receber."

CAPÍTULO 2

OS QUATRO ESTÁGIOS DE RESULTADOS

Para você, o que é sucesso? É ter um bom carro? Quitar a casa própria? Fazer muitas viagens? Andar com roupas da moda? Sucesso é tudo isso, mas é, também, muito mais.

Sucesso é ter uma carreira que faça você feliz; é voltar para casa, para uma família harmônica, repleta de amor e respeito; e é, também, ter dinheiro para poupar no final do mês. Sabe por quê? Porque ser bem-sucedido é ser pleno em todas as áreas da vida. No entanto, poucas pessoas sabem disso ou acreditam nisso.

O sucesso não está ligado apenas à capacidade de agir. **Lembre-se: tem poder quem age, mais poder ainda quem age certo, e superpoderes quem age, age certo e na velocidade certa. É assim que se alcança o sucesso!**

E é assim que se obtém uma vida com conhecimento, serviço ao próximo, um corpo saudável, amigos, conexão com Deus. É assim que se alcança uma vida financeira extraordinária: não com mais dinheiro do que é necessário, mas com o suficiente para viver com dignidade e paz de espírito, realizando projetos e sonhos importantes.

Se está ligado à capacidade de agir, o sucesso é resultado. Resultado daquilo que se faz e daquilo que se deixa de fazer, do que é escolhido e do que não é, daquilo para o que se diz "sim" e daquilo para o que se diz "não".

Com a vida financeira, não é diferente. Quais são as escolhas, as ações, os posicionamentos que trouxeram seus atuais resultados financeiros? E quais são as escolhas, as ações e os posicionamentos necessários para alcançar o resultado, a conta bancária e o dinheiro desejados?

Resultados não acontecem por acaso. Sucesso não tem nada a ver com sorte. Todo mundo tem as finanças que merece. Deparar-se com essa verdade e perceber como ela se aplica à sua vida pode doer. A verdade dói, mas sabe o que mais ela faz? Ela liberta!

A única forma de um ser humano mudar resultados é mudando as próprias ações, e não dá para fazer isso se não tiver consciência das escolhas que tem feito, da forma como tem agido. É só olhando humildemente para si que alguém pode compreender o que tem feito, o que precisa mudar e o que precisa fazer.

Por isso, não encare a verdade com dor ou como vítima. Não tenha raiva da verdade, mas, sim, da mediocridade.

É ela que o aprisiona e o acostuma a uma vida financeira mais ou menos, de histórias e sonhos engavetados. Não tenha raiva da verdade, mas encare-a como uma porta aberta para uma vida financeira sobrenatural: aquela que você nasceu para viver.

Pode ser muito cômodo delegar as próprias decisões, culpar os outros pela qualidade dos próprios resultados, responsabilizar pessoas e situações pela vida que se tem levado. Pode ser confortável, sim, mas o conforto prende, aprisiona em uma vida que não muda, em uma conta bancária que não cresce.

A verdade não. Porque verdade é conhecimento, é consciência. O conhecimento liberta e ter consciência é o primeiro passo a ser dado para que qualquer pessoa possa mudar a própria vida, suas finanças e resultados.

Quando falo de resultados, por mais diversos que eles possam ser, falo apenas de quatro tipos, quatro estágios. É dentro deles que estão todos os resultados que uma pessoa já obteve, está obtendo ou vai obter em qualquer ponto da vida. São eles:

- os maus resultados;
- os resultados medíocres;
- os bons resultados;
- os altíssimos resultados.

OS MAUS RESULTADOS

Os **maus resultados** são aqueles obtidos em uma realidade que não se gostaria de estar vivendo. Eles ocorrem na vida de uma pessoa que não tem feito o que precisa fazer. Ela pode até agir bastante, mas faz isso da maneira errada, na direção errada e na velocidade errada.

Uma esposa que não tem sido amorosa, um marido que não cumpre seu papel como protetor, um filho que não honra os pais, uma mãe ou um pai que não impõe limites ao filho, alguém que mata o próprio corpo comendo alimentos que não fornecem os nutrientes necessários e não pratica exercícios, cada uma dessas pessoas está colhendo maus resultados na vida porque têm agido errado.

Uma pessoa que quer transformar suas finanças, mas não busca aprender mais sobre investimentos ou gestão financeira, nem se desenvolver como profissional para ser promovida e ganhar mais, que gasta sempre mais do que ganha ou sequer sabe o quanto gasta em um mês, está agindo errado. Ela tem consciência de que precisa mudar sua vida financeira, mas, com ações erradas, colherá apenas maus resultados. Em vez de ir em direção ao sucesso financeiro que almeja, está caminhando a passos largos em direção a problemas e ao fracasso financeiro.

É por isso que ter consciência é o primeiro passo, mas não o processo de mudança completo. O conhecimento é capaz de colocar você em movimento, mas é necessário agir, fazer escolhas, assumir posicionamentos, tudo isso da maneira certa e na velocidade certa. O conhecimento sem ação é um desperdício. Um desperdício da dor que a verdade causou, um desperdício de potencial e de vida.

Os maus resultados também vêm para aqueles que ficam parados. Imagine uma pessoa que quer mudar a sua carreira, quer ser promovida, quer ganhar mais, e recebe um presente: um feedback dizendo, em detalhes, tudo o que ela precisa mudar e melhorar para evoluir como profissional, mas, em vez de agir, paralisa diante do conhecimento com o qual foi presenteada. Ela sabe que deve fazer algo, sabe até o que precisa fazer, mas não sabe como. E, sem a humildade de buscar ajuda, não faz nada e desperdiça a verdade do feedback recebido.

OS RESULTADOS MEDÍOCRES

Os **resultados medíocres** vêm para aqueles que só agem sob pressão ou diante de algum problema visível. São os resultados obtidos por quem age quando "a corda está no pescoço". Ou seja, podem até agir certo, mas não o fazem na velocidade certa.

Por exemplo, alguém que fará um teste importante em alguns dias e sabe que precisa estudar para ele já tem consciência do que precisa fazer. No entanto, no lugar de se preparar com antecedência e estudar todos os dias, faz isso apenas na véspera da prova, poucas horas antes. Essa pessoa agiu? Sim, ela estudou, mas não o fez na velocidade certa, no tempo certo. Ela agiu sob pressão e, dessa forma, pode até não obter maus resultados no teste, mas os resultados, sem dúvida, serão medíocres.

Com as finanças, é a mesma coisa. Quantas pessoas esperam estar afogadas em dívidas para buscar aprender sobre gestão financeira? Quantas esperam não aguentar mais uma vida medíocre, sem sonhos realizados, para buscar aprender sobre investimentos? Alguém que só sai da inércia quando os problemas aparecem está preso em uma realidade medíocre e, muitas vezes, sem ter consciência disso.

Não adianta agir certo, mas no momento errado. É preciso agir de acordo com os resultados buscados. E quem deseja bons resultados, e não resultados medíocres, precisa agir na velocidade certa, não apenas sob pressão, não apenas como uma reação aos problemas, não apenas quando o barco está afundando.

Chega de cuidar da saúde apenas quando se está doente. Chega de cuidar do casamento apenas à beira do divórcio. Chega de cuidar das finanças apenas quando já não se vê saída do fundo do poço das dívidas. Chega de reagir para começar a agir. Chega de se contentar com resultados medíocres.

OS BONS RESULTADOS

Os **bons resultados** são obtidos por aqueles que agem pelo que é confortável. Agem quando percebem que o caminho será fácil e nada desafiador. Podem até agir e, em alguns momentos, por pura coincidência, na velocidade certa, mas não estão agindo certo. Isso porque o que os motiva não são os resultados, não é fazer o que precisa ser feito, não é agir, agir certo e na velocidade certa; é agir quando é fácil, quando é confortável, quando não é necessário assumir riscos.

Os resultados dessas pessoas não são medíocres, são bons. Elas podem conseguir um aumento, fazer uma viagem, ter uma família feliz na maior parte do tempo. Mas sempre parece que falta alguma coisa. Porque o ser humano não nasceu apenas para o bom, mas para o excelente. O ser humano não nasceu para uma vida que parece um copo quase cheio, mas para uma vida que parece um copo transbordando constantemente.

Contudo, para quem não age diante do menor risco, os resultados extraordinários não virão. Dobrar o salário? Fazer a viagem dos sonhos em uma segunda ou terceira lua de mel? Uma família não apenas feliz, mas também unida e amorosa? Para essas pessoas, isso não é possível. Para aquelas que só agem diante do que é confortável, o extraordinário passa longe.

Não adianta agir certo, mas no momento errado. É preciso agir de acordo com os resultados buscados.

Pessoas que agem apenas diante do fácil e do confortável vivem uma mentira e, repetindo-a para si todos os dias, dizem que estão bem e acreditam nisso, pois estão obtendo bons resultados, mas, na verdade, esses resultados as aprisionam, elas estão presas em uma zona de conforto, ignorando o próprio potencial para viver o extraordinário, o sobrenatural, os resultados altíssimos.

Para elas, é preciso dar um basta. Chega de não correr riscos, de se contentar com o bom. **Chega!** É preciso se arriscar para viver uma vida abundante. É preciso sair da zona de conforto para viver a vida que se nasceu para viver. **É preciso entender que aquilo que vale a pena nem sempre vai ser fácil, confortável. Pode ser desafiador, demorar, ser arriscado, mas, no final do dia, deve-se fazer o que precisa ser feito.**

OS ALTÍSSIMOS RESULTADOS

Os **altíssimos resultados** vêm para aqueles que entenderam a importância de viver por princípios, como o de crescer e contribuir, o de estabelecer metas ousadas, o de sair da zona de conforto, o de caminhar por antevisão (ou seja, ver o que os outros não veem, ir aonde ninguém nunca foi).

São pessoas que não estão presas na zona de conforto, para quem nada falta, que vivem uma vida de abundância, que fazem o que precisa ser feito, assumem riscos, compreendem que os caminhos para alcançarem os resultados desejados podem, sim, ser desafiadores, mas valem extremamente a pena.

Elas não esperam o surgimento dos problemas para reagir a eles, pois são proativas e criativas e, a cada dia, sobem um novo degrau. Elas aprendem e, sem se conformar com o aprendizado e sabendo que o conhecimento não tem um teto, buscam aprender e crescer sempre mais.

São pessoas que olham para a própria vida todos os dias e se surpreendem com o que estão vivendo. Surpreendem-se ao perceber que essa vida é real, é possível, é delas. É uma conta bancária cheia de dígitos, são viagens por todos os continentes do mundo, é uma saúde de ferro, uma pessoa que não fica doente. São filhos que amam passar tempo com os pais, que vivem uma relação de confiança e amor, é um cônjuge que tem uma admiração profunda pelo esposo ou pela esposa que tem.

É uma vida tão extraordinária quanto possível, e em todas as áreas. Como não se surpreender diante de uma existência dessas? Como não se maravilhar percebendo, dia a dia, que esses são os próprios resultados?

Uma vida como essa está disponível a cada um que se disponha a viver conforme os princípios corretos e agir certo e na velocidade certa. Uma vida como essa está do outro lado do rio, na margem da abundância, alcançada quando se supera a escassez; um rio cuja travessia, por mais desafiadora que seja, pode ser feita por qualquer um que coloque os olhos nos resultados que deseja obter.

É possível deixar a margem de insatisfação, angústia, frustração, tristeza, procrastinação e autossabotagem para chegar à margem de alegria, realizações, esperança, entusiasmo, amor, atitude e fé. É possível abandonar uma vida de dívidas, incertezas financeiras e sonhos engavetados e chegar a uma realidade de sonhos realizados, investimentos e abundância financeira.

Para isso, é preciso fazer as perguntas certas e adquirir consciência do que precisa ser mudado e do que precisa ser feito. Não se conformar com o bom, não se prender ao fácil, à zona de conforto. É preciso saber que é possível alcançar mais, obter resultados melhores, sabendo que a travessia do rio é possível e que todo desafio pode ser vencido.

É preciso agir, agir certo e na velocidade certa. Quem está disposto a fazer, e que realmente faz, tem superpoderes, e esses superpoderes se manifestam por meio dos resultados extraordinários que são obtidos, no centro de uma vida sobrenatural de tão fantástica: a vida que o ser humano verdadeiramente nasceu para viver.

É preciso saber que é possível alcançar mais, obter resultados melhores, sabendo que a travessia do rio é possível e que todo desafio pode ser vencido.

CAPÍTULO 3

O SUCESSO NÃO ACONTECE POR ACASO

Pessoas bem-sucedidas sabem que o sucesso não acontece por acaso e seguem princípios infalíveis de prosperidade. Enquanto você não os conhecer e os aplicar, nada mudará na sua vida. Por isso, para atingir algum lugar de riqueza verdadeira, é necessário viver uma imersão profunda, longa e ininterrupta no conhecimento que o guiará até a abundância. Sem isso, você andará em círculos em volta da própria pobreza.

Em 2007, vivi a maior imersão em aprendizado de toda a minha vida. Foram seis meses de um mergulho completo.

Li mais de cinquenta livros e fiz catorze cursos em uma busca desesperada por mudança e crescimento financeiro. Eu não aguentaria passar por mais uma crise financeira, então, antes que ela chegasse novamente, eu me antecipei e paguei um preço alto. Por seis meses, afastei-me de tudo e de todos e mergulhei em livros e cursos de maneira profunda e intensa. Eu só sairia daquela imersão quando meu crescimento e minha transformação nas finanças de fato acontecessem. E aconteceram. De 2008 em diante, nunca mais parei de prosperar. São muitos anos de crescimento ininterrupto.

A seguir, convido-o a entender princípios de prosperidade financeira que, ao longo da minha jornada de crescimento, foram essenciais para chegar aonde cheguei. Debruce-se sobre eles e não deixe de colocá-los em prática. Note que, à medida que você os vivenciar, seus resultados surgirão. Quanto mais profundo e dedicado você for, maiores serão os resultados financeiros em sua vida.

Se estiver preparado para viver essa transformação, sua missão é continuar lendo este livro e fazer tudo o que vou lhe ensinar nas próximas páginas. Além disso, meu conselho mais poderoso e verdadeiro é que você faça o Método CIS (@metodocis), o maior treinamento de inteligência emocional e reprogramação de crenças do mundo. O treinamento o levará a imergir em si mesmo, entender sua mentalidade, suas atitudes, suas convivências, aquilo que o impulsiona e também o que o faz regredir. Esse é o primeiro passo para uma transformação verdadeira e permanente.

Da mesma forma que estar com as pessoas certas produz as crenças e a mentalidade de riqueza, que, por sua vez, produzem o contágio social de prosperidade, estar com as pessoas de mentalidade pobre, acredite, o deixará ainda mais pobre.

Veja bem, não estou dizendo para se afastar de pessoas sem dinheiro ou sem riqueza. Estou dizendo para se afastar urgentemente daqueles com a **mentalidade** pobre. Consegue enxergar a diferença? Saia de perto de pessoas invejosas, amarguradas, ressentidas, arrogantes, autossuficientes e donas da verdade ou, pelo menos, afaste-se ao máximo delas.

Porém – e gostaria que você, leitor(a), colocasse amor em minhas palavras –, o grande problema é quando **você é essa pessoa**. Nesse caso, é necessário buscar mudanças profundas em si mesmo.

Quem tem uma mentalidade pobre acredita que as pessoas se tornam ricas por pura sorte ou porque alguém as ajudou. Isso não é verdade, pois quem é de fato rico pensa, age e se comporta diferente de quem possui mentalidade pobre ou mediana. Ser rico é uma combinação de crenças de identidade, capacidade e merecimento. E você não pode abrir mão de reconstruir suas crenças financeiras.

Entre dinheiro e conhecimento, escolha sempre o conhecimento. Entre conhecimento e sabedoria, escolha a sabedoria.

CAPÍTULO 4

TRABALHO DILIGENTE E BUSCA PELA SUA MELHOR VERSÃO

"Quem faz aquilo que ama não trabalhará nenhum dia de sua vida." Você provavelmente já ouviu essa frase, quem sabe já até acreditou nela, mas saiba que ela está cheia de enganos e não passa de filosofia barata. Talvez você duvide de mim quanto a isso, mas vou explicar. O primeiro engano é: quem disse que trabalhar é ruim ou algo a ser evitado? Pessoas ricas, prósperas e bem-sucedidas amam trabalhar, e trabalham muito. O segundo engano é: não existe profissão ou trabalho no qual todas as atividades a serem exercidas sejam prazerosas. Se você está buscando por isso, nunca vai encontrar.

Pense em um jogador de futebol. Ele ama jogar bola, porém os jogos acontecem apenas em um ou dois dias da semana. No restante do tempo, o jogador profissional está em treinamento tático, na musculação, na fisioterapia, na preparação física, desenvolvendo a concentração mental etc. Perceba quantas coisas precisam ser feitas para que apenas duas vezes na semana ele pratique o que, de fato, gosta de fazer. Você realmente acredita que ele gosta de todas essas atividades e, por isso, não sente que está trabalhando? Eu diria que não.

Entenda: **você não precisa amar tudo o que faz, mas deve fazer com amor e propósito tudo o que precisa ser feito para prosperar.** Ou seja, não adianta se enganar ou se iludir com outros meios, pois a riqueza e a prosperidade só chegam para aqueles que trabalham de modo diligente. Mas o que isso significa?

De acordo com o dicionário, diligente é uma característica daqueles que são ativos, aplicados, zelosos e cuidadosos. O trabalho diligente – que é um dos princípios da alta performance que eu costumo elencar e explicar em meus treinamentos –, portanto, acontece quando o profissional não está ocupado apenas com a tarefa, mas com o resultado que vai gerar. Quem trabalha proporcionalmente ao que recebe não merece nem o que recebe. Muitas pessoas dizem que, quando forem promovidas, ou mais bem remuneradas, se dedicarão mais. A verdade é que, se você não se dedicar hoje, jamais será promovido ou receberá um aumento. Seja sincero consigo mesmo e responda às perguntas a seguir:

1. Você diria, honestamente, que realiza um trabalho diligente no seu emprego ou negócio? Como?

2. Quão reconhecido você é por executar um trabalho acima da média?

O trabalho diligente, além de ser a única forma de alcançar a verdadeira riqueza e prosperidade, está intrinsecamente ligado ao que chamo de busca constante pela sua melhor versão. Afinal, se você reconhece que não está se dedicando o quanto deveria, sendo zeloso e cuidadoso com suas tarefas, que versão sua está entregando ao mundo?

Dentro de você existe desde a sua pior até a sua melhor versão. Assim como atores em um palco, todos nós vivemos papéis, ou seja, seus resultados e sua performance vêm do papel que você está representando em cada esfera da vida. Sim, você aprendeu a interpretar um papel, a seguir uma narrativa, e, muitas vezes, esse papel não tem nada a ver com a sua essência, com quem você é de verdade; no entanto, você segue vivendo o que lhe ensinaram que deveria viver.

Qual papel você vem representando? De fracassado ou vitorioso? De endividado ou abundante? De empresário ruim ou empresário extraordinário? De funcionário incompetente ou funcionário com grandes resultados? Os papéis que tem vivido têm feito você prosperar? Têm feito você acessar a sua melhor versão?

Com este livro, sinta-se obrigado a dizer: sua vida só será transformada, em qualquer área que seja, quando você começar a viver um papel que traga à tona a sua melhor versão e a trabalhar de maneira diligente nessa área. Hoje, há uma maneira de viver em cada uma das áreas da sua vida, financeira, familiar, social etc., que determina qual versão sua você está vivendo. Mudando essa versão, mudam-se também alguns ou muitos desses fatores. Acredite: existe uma versão dentro de você capaz de produzir milhões e milhões por mês, por exemplo. Então, como trazê-la à tona?

Para acessar uma versão melhor, é preciso mudar o papel que você vem representando. Para isso, é necessário treinar. Treine viver o papel de autorresponsável, cuidadoso, ativo, vitorioso, grato, feliz e abundante. Treine ser a sua melhor versão e comece a vivê-la agora.

CAPÍTULO 5

MELHOR DAR DO QUE RECEBER

Você sabe o que é *overdelivery*? Talvez você ainda não tenha ouvido falar desse termo, mas posso garantir que quem possui mentalidade rica o coloca em prática. Todos os ricos verdadeiros agem e se comportam com *overdelivery*. Mas o que significa esse termo? Basicamente, quando as pessoas pagam por algo, mas você entrega a mais do que elas esperavam: isso é *overdelivery*.

Se me contrataram para entregar um resultado "X", eu entrego "X+Y". Eu surpreendo, entrego além e com muito mais qualidade do que era esperado. Pratico o *overdelivery* com todos: com meus filhos, esposa, colaboradores, clientes.

Quanto mais eu amar as pessoas e mais impactá-las, mais importante eu me torno para elas.

Há aqueles que, quando morrem, nem a própria família vai ao enterro. Por que isso acontece? Porque essa pessoa não tinha valor, não tinha importância, nunca deu nada para ninguém, nunca impactou outra vida que não a própria. Então, você me pergunta, como ser alguém com importância? Adotando uma postura de doador. E como ter *muita* importância? Oferecendo mais do que as pessoas esperam. Essa é a receita do sucesso.

Porém, o que de fato ocorre é que todo mundo quer receber, mas não quer dar. Procuram-se os direitos, mas não se praticam os deveres. Infelizmente, é mais comum do que imaginamos a prática de *underdelivery*: entregar menos do que deveria e acreditar que, dessa forma, está se saindo melhor do que os outros.

O caso que estou prestes a contar é real, e tenho certeza de que você conhece alguém assim, com a mesma mentalidade. Conheci uma pessoa que começou a trabalhar em uma nova empresa e logo pediu demissão. Curioso, perguntei: "Por que você pediu demissão?". Então, ela me contou:

"Quando comecei, meus colegas de trabalho falaram: 'Vou ensinar tudo para você se dar bem aqui'. E eu achei ótimo. Disseram: 'Primeiro: você pode, todos os dias, chegar quinze minutos atrasada e sair quinze minutos mais cedo; assim já ganha uma meia hora. Depois, na hora do almoço, você chega, bate o ponto, passa por aquela porta que ninguém vai te ver, e aí você consegue enrolar mais quinze minutos. Sempre que for para o lanche, pode ficar tranquila e levar pelo menos dez a quinze minutos a mais com o que quiser fazer, porque ninguém percebe. A gente aqui consegue trabalhar uma hora e meia a menos – todo dia! Esse é o caminho das pedras'. Eu questionei: 'Todos fazem isso por aqui?'. 'Não, a gente reveza, temos uma agenda de revezamento'."

Fiquei abismado.

"Quando comecei de fato a trabalhar, dei um show. Sabe o que os meus colegas fizeram? Disseram: 'Está querendo aparecer? Está inflacionando o mercado? O que você está querendo?'. Não aguentei o ambiente e saí da empresa."

Essa pessoa estava sendo perseguida pelos colegas que não queriam que ela entregasse o mínimo sequer, e muito menos o *overdelivery*. Já viu algo parecido em alguma empresa? Já conheceu alguém assim? Essas pessoas acreditam que estão se dando bem, mas, na verdade, estão destruindo as suas vidas e a sua descendência. Elas fazem *underdelivery* e, por isso, não vão ganhar dinheiro nunca, pois são escassas e possuem mentalidade pobre.

Dar é melhor do que receber, e, quando nos doamos verdadeiramente, impactamos mais e mais pessoas. Isso é o sucesso financeiro!

CAPÍTULO 6

SIGA APENAS AS PESSOAS CERTAS

Como você conseguiria mudar sua vida financeira?

Nossas finanças são exatamente iguais às nossas crenças, e manifestamos e reforçamos nossas crenças por meio de palavras e pensamentos. À medida que você conseguir falar coisas mais positivas, mais prósperas, mais verdadeiras, mais generosas e mais gratas, naturalmente produzirá pensamentos mais fortes e prósperos, que, por sua vez, se transformarão em memórias que poderão reprogramar suas crenças financeiras.[1]

Portanto, o primeiro passo para a mudança é ter uma atitude simples que tem resultado logo que utilizada: ponha um elástico no pulso e, cada vez que falar palavras destrutivas, empobrecedoras, vitimizadas, puxe imediatamente esse elástico com força e solte-o para que produza um ardor no seu braço e, assim, um aprendizado que mude seu hábito de maldizer a si mesmo. Simples assim!

É um desafio, eu sei. Mas é simples. **Não dê aos seus desafios uma dimensão maior do que devem ter.** Eu não disse que seria fácil nem que entregaria tudo pronto nas suas mãos. Disse antes e agora reforço: para ser extraordinário em qualquer área, é necessário esforço e dedicação.

A seguir, escrevi duas frases para que você repita dez vezes todos os dias e consiga entender um segredo simples e enriquecedor:

---

1 O renomado autor e pesquisador na área de Psicologia Positiva, Shawn Achor, enfatiza a importância da fala positiva em nossas vidas. De acordo com seus estudos, a linguagem que utilizamos tem um impacto significativo em nosso bem-estar emocional e desempenho. Achor argumenta que, quando usamos uma linguagem positiva, estamos treinando nossos cérebros para buscar o lado positivo das situações, o que pode levar a um aumento no otimismo, na motivação e na resiliência. Segundo ele, a fala positiva não é simplesmente "pensar positivo" sem fundamentos. Ela deve ser embasada em fatos e evidências reais. Ao utilizar uma linguagem positiva baseada na realidade, somos capazes de enfrentar desafios de maneira mais eficiente e construtiva, buscando soluções e oportunidades. Além disso, o especialista ressalta que a forma como nos comunicamos com nós mesmos é igualmente importante. A autocompaixão e a fala positiva interna são essenciais para fortalecer nossa autoestima, autoconfiança e senso de propósito.

1. **O que eu sei sobre finanças me trouxe até aqui. É justamente o que eu ainda não sei que me levará para o próximo nível;**
2. **Minha vontade de me preparar e aprender precisa ser muito maior do que minha vontade de ter sucesso.**

BUSQUE SABEDORIA MAIS DO QUE OURO E PRATA

Todos os dias, vejo muitas pessoas lutando, brigando, cobiçando, enganando e até roubando para enriquecer. Essa categoria humana, por cegueira emocional e espiritual, busca o caminho mais fácil para o enriquecimento. Se elas dedicassem consistentemente todo esse esforço e tempo a fim de se tornar sábias no tocante a seus trabalhos e a descobrir os conhecimentos escondidos da riqueza, teriam muito mais sucesso em muito menos tempo. Como está na Bíblia, busque a sabedoria como quem busca ouro e prata, pois seus dividendos são muito maiores (Provérbios 2:4).

Porém, é importante ter atenção nessa busca por sabedoria. Certifique-se de que o que está obtendo é, de fato, sabedoria e conhecimentos validados e atuais. Antes de ler um livro sobre finanças, por exemplo, pesquise sobre o autor e pergunte-se: ele alcançou verdadeiramente o sucesso financeiro que alega ter e que justifique escrever um livro ou ministrar um curso?

Ou você tem consumido informações sobre finanças de alguém que não é rico de fato? Quais ensinamentos ler um livro de negócios de quem nunca teve grande êxito em seus empreendimentos lhe proporcionarão? Participar de um seminário de liderança em que o preletor não possui liderados o fará alcançar o objetivo que você tem em mente?

Se quem você segue tem reconhecimento nacional e internacional, experiência comprovada com clientes e uma honra ilibada, existem dois passos que você deve seguir para absorver o máximo de conhecimento dessa pessoa:

1. Leia e faça os treinamentos de maneira humilde e diligente, absorvendo o máximo de conhecimento que conseguir, planejando como colocá-lo em prática;
2. Abra sua mente para esse conteúdo de extrema qualidade e feito com um único intuito: transformar sua mentalidade e sua vida.

Está disposto a assumir esse compromisso de mudança? Se sim, responda às perguntas a seguir com sinceridade:

1. Quantos livros você leu este semestre?

___

2. De quantos cursos você participou nos últimos seis meses?

___

3. De 0 a 10, o quanto, diariamente, você busca sabedoria, conhecimento e informações em quantidade e qualidade suficientes para mudar sua vida financeira?

___

4. Analisando as respostas anteriores, qual aprendizado você tem? E qual decisão você colocará em prática?

___

Aqui, cabe um alerta: não seja bobo ou ingênuo a ponto de acreditar que apenas um livro ou um curso serão garantias de sucesso financeiro duradouro. A busca pela sabedoria é uma jornada que tem início, mas não tem fim. Nunca acredite que já sabe o suficiente, tenha humildade. Nunca acredite que o conhecimento de ontem é válido hoje, muito menos que será válido amanhã. Viva a jornada do conhecimento, respeite o processo do aprendizado. Buscando sabedoria e conhecimento, você será rico para sempre.

COMO ENCONTRAR BOM CONTEÚDO EM UM MAR DE INFORMAÇÕES?

Nos dias de hoje, uma das maiores ameaças na busca para se tornar rico que você pode enfrentar é a obesidade mental vinda da internet. Há uma infinidade de gurus falando de assuntos que não dominam. Falam de enriquecimento quando, por dentro, imperam a escassez e a pobreza. Outros falam de negócios, mas têm somente uma equipe de redes sociais como funcionários. Outros ainda falam de investir em imóveis quando eles mesmos não têm nem mesmo a casa própria. A única coisa que a maioria desses treinadores da internet deveria moralmente falar é aquilo que, de fato, dominam: como vender através do marketing digital.

Cuidado com quem você segue. Certifique-se de que essa pessoa vive o que fala. Há quanto tempo seu mentor é bem-sucedido naquilo que ensina? Quantas pessoas tiveram sucesso real com as orientações dele? Será que seu mentor não é apenas um perito em criar um cenário fantasioso para vender produtos e cursos? Será que não é somente um mestre das redes sociais que intencionalmente sabe criar um *branding* (imagem projetada de si) para que você se sinta bem ao ouvi-lo e assim deseje ser e viver como ele?

Foi me fazendo todos esses questionamentos que elaborei as seguintes perguntas para guiá-lo em sua resolução: Quem você deve seguir para, assim mergulhar em seus ensinamentos? Quem você precisa parar de seguir para se concentrar em algo que lhe traga resultados reais?

É muito simples. Primeiro, verifique se sua vida melhorou depois de passar a consumir o conteúdo de determinada pessoa. Depois, analise se há congruência entre o que esse influenciador fala e o que vive. Por fim, tenha certeza de que ele domina e tem resultados reais sobre os temas que se propõe a ensinar.

Seu objetivo é ficar rico? Então recuse a superficialidade e mergulhe fundo nos temas que lhe darão condições necessárias para conquistar esse sonho. Pare de se orgulhar por ler quatro livros em um mês. Orgulhe-se de ler o mesmo ótimo livro três vezes no mesmo mês.

A busca pela sabedoria é uma jornada que tem início, mas não tem fim. Nunca acredite que já sabe o suficiente, tenha humildade.

PARTE 1

OS SEGREDOS QUE OS FAZEDORES DE FORTUNA NÃO CONTAM

CAPÍTULO 7

SEJA UM SOLUCIONADOR

Não importa se você é empreendedor ou funcionário, seu sucesso profissional e financeiro depende da sua capacidade de oferecer soluções para quem lhe paga. Alguém com mentalidade pobre vê seu emprego ou seu negócio como uma fonte de receita. Já aquele com mentalidade rica vê seu trabalho como uma maneira de trazer uma solução para seu contratante e uma forma de cumprir sua missão profissional.

Quanto melhor você for em solucionar os problemas de seus clientes e contratantes, mais sucesso e dinheiro ganhará. Imagine dois médicos ortopedistas com especialidade em cirurgia de quadril: um consegue fazer verdadeiros milagres, reconstruindo o quadril de seus pacientes de modo que voltem a andar sem nenhuma sequela; já o segundo faz um trabalho bem-feito tal qual qualquer outro cirurgião de quadril. Este último vai ganhar o que os outros cirurgiões de sua especialidade ganham, enquanto o primeiro poderá cobrar quanto quiser por ser único a fazer o que ninguém mais faz.

Quando estou em sessão de coaching ou ministrando meus treinamentos, tenho apenas uma coisa em mente: *como trarei as soluções que meus clientes desejam e de que precisam?* E não medirei esforços para cumprir a resposta desse questionamento. E quanto ao dinheiro? Ele é consequência da minha capacidade de levar soluções únicas e profundas para o maior número de pessoas.

Dito isso, qual daqueles três posicionamentos financeiros você quer viver? O dependente e, com ele, viver a humilhação de precisar de outras pessoas? Ou prefere viver como o egoísta, que, após saciar os próprios sonhos, desejos e prazeres, encontra uma nova maneira de não sobrar nada de seus recursos para mais ninguém? Sendo muito sincero com você, amigo(a), prefiro viver o terceiro posicionamento, como já contei. É somente assim que cresço e prospero para ajudar o necessitado e o carente.

"Há maior felicidade em dar do que em receber" (Atos 20:35). Essa passagem bíblica não diz ser mais gostoso e prazeroso dar aos outros do que receber. Ela nos afirma que é mais benéfico. Quando somos generosos, estamos dizendo a nós e ao mundo que somos prósperos, abundantes e capazes de produzir mais.

Embora muitos acreditem que ao roubar, tomar ou reter serão mais prósperos ou acumularão mais riquezas, esse comportamento escasso, na verdade, só os levará à pobreza e à miséria. Em contrapartida, para transbordar financeiramente é preciso focar em ações positivas. A seguir, explicarei uma estratégia simples e poderosa para que você seja não apenas rico como também grato.

Quando somos generosos, estamos dizendo a nós e ao mundo que somos prósperos, abundantes e capazes de produzir mais.

CAPÍTULO 8

GRATIDÃO E RIQUEZA

Trazemos muitas imagens mentais de pobreza, dor, sofrimento e abandono de nossa infância. Todas elas, na verdade, são imagens de escassez e limitação. Enquanto essas lembranças povoarem sua mente, você viverá uma luta sem fim entre ter e não ter, entre conquistar e perder. Porém, preciso lhe dizer que possuímos um grande elixir para neutralizar as memórias destrutivas de nosso passado: a **gratidão**.

A gratidão é um dos princípios que trazem um poder sobrenatural aos que a usam da maneira adequada, junto à **honra**. Seja grato, e você mudará o padrão mental da pobreza para riqueza. Manifeste poderosamente gratidão e abra os braços para receber abundantemente mais. Reconheça, em todas as ocasiões, que você é e foi de alguma maneira beneficiado e, por isso, é feliz, vitorioso, generoso e comprometido a retribuir a todo instante um pouco de tudo o que já recebeu e ainda receberá.

Ser grato é um caminho de duas vias, pois é possível, por exemplo, demonstrar gratidão tanto por um contrato fechado quanto por um cliente perdido, uma vez que houve aprendizado no processo. É ser grato pelo casamento, mas também pelas brigas que trouxeram amadurecimento. É ser grato pelas dificuldades que fortaleceram e aprimoraram seu caráter. Ser grato de maneira efusiva e explícita lhe traz uma consciência de vitória e sentimentos extremamente positivos.

A ingratidão, por outro lado, é a pior de todas as doenças da alma. Trata-se da incapacidade de reconhecer que se está vivo e cheio de possibilidades. Esse sentimento o cega para tudo o que há de bom, como família, saúde, amigos, Deus e trabalho. Ela o leva a perceber e focar apenas as impossibilidades e problemas que a vida traz. E, quando esse é o seu padrão mental, você passa a atrair, produzir e criar acontecimentos que, ao longo do tempo, matam seus sonhos, roubam sua esperança e destroem tudo o que você tem. Acredite: a maneira mais rápida e segura de se tornar rico é ser grato e manifestar fortemente a gratidão em atos, palavras e comportamentos.

Uma pessoa genuinamente grata elimina os pensamentos de insatisfação e toda a limitação promovida por esse padrão mental. A gratidão a faz perceber e celebrar as pequenas e grandes vitórias de hoje, assim como a faz agradecer até pelos reveses da vida, pois eles lhe trouxeram grande aprendizado. Não há tempo ruim para a pessoa grata: se houver vitória, ela celebra; se houver derrotas, ela aprende. Para uma pessoa grata, tudo dá certo – até quando dá errado.

Sabia que a maior de todas as gratidões se manifesta na escassez? Isso mesmo! Quando Jesus Cristo se viu apenas com cinco pães e dois peixinhos para alimentar mais de 10 mil pessoas, a primeira coisa que ele fez foi dar graças pelo pouco que tinha. Por isso, quando você for capaz de dar graças pelo pouco, ou pelo nada, crendo que há muito mais, aí sim você poderá dizer: **eu sou rico e grato**.

Quais são as coisas pelas quais você é grato? **Faça uma relação de 100 coisas pelas quais você consegue ser grato.** E, se você conseguir ser grato até mesmo por perdas, dores e prejuízos, estará cada vez mais perto da mentalidade de abundância. Além disso, é fundamental que essa gratidão seja manifestada com palavras e ações: palavras que agradeçam e ações que retribuam às pessoas e ao mundo por tudo de bom que tem acontecido com você.

Já falei e falarei de novo e de novo: **quando a gratidão está acrescida de generosidade e ambição, você tem nas mãos os três maiores motores para caminhar firme na jornada do enriquecimento.** A combinação dessas três características traz uma profunda paz de espírito e fluidez nas suas ações e ainda elimina o medo e a insegurança, que são comuns na jornada do crescimento financeiro. Além delas, acredite, quem é verdadeiramente grato e generoso também é humilde.

Está na hora de manifestar de maneira irrestrita a gratidão por tudo o que você tem, faz e é. Olhe ao seu redor e identifique as pessoas que pode ajudar neste exato momento. Adote atitudes simples que não tiram o sossego do seu dia: agradeça mais, abrace mais, sorria mais, dê mais passagens no trânsito até para aquele motorista que não pediu. Que tal dar mais gorjetas ou aumentar um pouco a comissão do bom garçom que o atendeu? Surpreenda as pessoas que passarem por você. Apenas lembre-se de não transformar isso em um peso, mas em um estilo de vida generoso e abundante.

Ainda sobre a gratidão, outro ponto do qual gostaria de falar, e que pode parecer uma loucura nos tempos em que vivemos, é a necessidade de honrar o nosso pai e a nossa mãe. Pode parecer que isso não tem absolutamente nada a ver com seu sucesso financeiro, porém tem TUDO a ver.

As maiores doenças da alma são a mágoa, o ressentimento e o orgulho (que eu acredito terem todas praticamente a mesma essência). Enquanto você não **PERDOAR, RESPEITAR e HONRAR** seus pais, estará infligindo em si um processo muito forte de autossabotagem. Por isso, leia com muita atenção os seguintes conselhos:

- Para **PERDOAR**, é preciso entender que nós somos vítimas de outras vítimas. Se seu pai ou sua mãe erraram com você, alguém antes errou com eles. E, se eles não merecem seu perdão, você também não merecerá o perdão daqueles com os quais você errou. O ressentimento é um câncer nas emoções, no espírito e no corpo e lhe traz todos os tipos de prejuízo, inclusive, e principalmente, o financeiro;
- Para **RESPEITAR** seus pais, trate-os tão bem quanto trata seu melhor amigo ou alguém importante e seja paciente, delicado, cuidadoso e flexível. Isso não quer dizer que você deve ser maltratado e humilhado pelos seus pais, mas que não deve entrar em conflito com eles, tampouco provocá-los ou aceitar provocações. Se você é maior de idade, talvez seja a hora de sair de casa para manter o respeito. Lembre-se: perdoar e respeitar seus pais lhe fará muito rico;

- E, para **HONRAR**, dê a seus pais o que eles já têm por direito. Quando alguém paga o salário de um funcionário, está dando a ele o que já lhe é devido. Quando você ouve sua mãe com paciência, mesmo que o que ela fale não faça muito sentido, isso não é um favor que você faz a ela, é sua obrigação.

RIQUEZA PRODUZ RIQUEZA

Poucas coisas serão tão importantes para lhe fazer rico financeiramente quanto ter a consciência de que você já é rico – e tão rico que nenhum dos bilionários do mundo teria recursos financeiros suficientes para comprar ou pagar por sua riqueza.

Talvez você ache que estou escrevendo uma grande bobagem e que tudo isso lhe é estranho demais, mas não mudo uma vírgula sequer do que acabei de escrever. Se colocar as lentes certas sobre a sua vida, perceberá que ter algo chamado lar, com uma família, já é uma riqueza descomunal. Também, se você tiver maturidade emocional, perceberá que o fato de ter onde dormir e alguém para se importar com você é uma riqueza sem fim.

Convido-o a olhar para si e a tentar responder às seguintes perguntas de maneira silenciosa e sincera:

- Você tem uma casa onde morar? Quanto vale isso?
- Você enxerga e consegue ler? Quanto vale isso?
- Você tem filhos? Quanto vale isso?
- Você tem ou teve uma mãe ou pai que o amou e cuidou de você? Quanto vale isso?
- Você tem memórias boas das quais se lembrar? Quanto vale isso?

- Você tem fé em Deus e pode expressar essa fé? Quanto vale isso?
- Você tem amigos ou um grupo social com quem pode rir e se divertir? Quanto vale isso?
- Você tem trabalho ou um negócio, ou pode conquistar um? Quanto isso vale?

Ao compreender que o que você já possui o torna uma pessoa tremendamente rica e próspera, você estará pronto para se sentir rico e pleno, independentemente do quanto ganha ou possui em sua conta bancária neste momento. Você entenderá que é uma pessoa plena, agraciada, beneficiada, próspera e feliz – e essa consciência trará um profundo sentimento de gratidão.

Toda pessoa grata **comunica, pensa e sente** a trilogia da abundância: **esperança, fé e amor**. A combinação desses três elementos produz alta performance e resultados extraordinários na sua vida e nos seus comportamentos, além de atrair as pessoas certas e os acontecimentos que contribuirão muito para uma existência de realizações e abundância. E, sinceramente, espero que, ao longo deste livro, você passe a se sentir profundamente rico com tudo o que já tem para, assim, iniciar a sua jornada de enriquecimento.

Quais são as coisas mais importantes da sua vida? Enumere-as e veja quão valiosas e impagáveis elas são – até para os homens e as mulheres mais ricos do mundo.

1. ______________________________

2. ______________________________

3. ______________________________

4. ____

5. ____

6. ____

Olhando para as coisas que verdadeiramente têm valor na sua vida, o quão agraciado, beneficiado, abençoado e pleno você já é?

CAPÍTULO 9

METANOIA E ECOSSISTEMA

Até aqui, provavelmente você já compreendeu que o segredo do sucesso está na mentalidade correta. Entretanto, não estou falando de uma mudança simples. Eu quero mesmo é promover uma grande revolução na sua mente e na sua vida.

Metanoia é uma mudança tão profunda de mentalidade que poderá lhe causar náuseas quando você se lembrar de quem era e de como vivia antes. Trata-se de uma verdadeira transformação de mentalidade, comportamento e resultados.

Que tal viver isso em sua vida financeira? A partir de agora, vou ensinar os três elementos necessários para que você viva uma metanoia em suas finanças.

1. LUGARES CERTOS

Para viver uma metanoia financeira, você precisa estar nos **LUGARES CERTOS**, onde o crescimento e a prosperidade sejam almejados e valorizados. Para isso, no entanto, você precisa sair, ou se afastar, dos lugares errados, aqueles onde a pobreza é bem-vinda e valorizada.

Saia dos lugares sombrios, infelizes, pobres e escassos. Se não pode sair completamente deles, afaste-se ao máximo e busque se aproximar dos lugares certos. Intencionalmente, esforce-se para alcançar essa transição, não importa o tempo que leve. Se a sua igreja valoriza a pobreza, mude de igreja. Se o seu trabalho valoriza os fracassados e critica os bem-sucedidos, está na hora de mudar de emprego. Esteja presente nos locais que se parecem com o futuro que você quer para si e para quem você ama.

E atenção: não confunda um ambiente de ostentação com um ambiente real de riqueza. A ostentação está na escassez e na pobreza; já um ambiente de riqueza verdadeira está na abundância e na prosperidade. Você não precisa, e talvez nem deva, sair da comunidade carente direto para o palácio do xeique de Dubai.

Talvez você não consiga abandonar suas piores amizades e se tornar imediatamente amigo do dono do Facebook. Não há motivos para fazer loucuras nessa busca por mudar de lugares. Você não precisa se endividar para comprar roupas e carros caros para se sentir apto a estar nos lugares certos. Não é disso que estou falando aqui.

Minha proposta é que você viva uma transição rápida, porém gradual, responsável e contextualizada. Que viva suas mudanças lugar a lugar. Sim, uma boa roupa, um bom carro e ótimos ambientes vão ajudar bastante nessa transição da pobreza à riqueza, mas, se não houver mudanças profundas dentro de você, as roupas e todos os itens de mérito se tornarão apenas ostentação e, em vez de ajudar, vão atrapalhar.

2. PESSOAS CERTAS

A segunda coisa a ser feita para viver uma profunda metanoia financeira é se aproximar das **PESSOAS CERTAS** nesse quesito. Aproxime-se de pessoas felizes, leves, bem-sucedidas; indivíduos gratos e generosos que buscam crescer e prosperar e acreditam na força do trabalho, da verdade e do amor.

Aproximar-se das pessoas certas é tão importante quanto se afastar das erradas. Indivíduos mesquinhos, escassos, magoados, lamurientos, ressentidos e sem ambição são verdadeiros entraves. Eles terão inveja de você, criticarão e condenarão qualquer esforço e tentativa de prosperidade que você venha a tentar. Seus novos amigos precisam ser ambiciosos, honestos, trabalhadores, esforçados, persistentes, generosos e gratos.

Não importa o que você terá de fazer para mudar essa realidade. Não importa quanto tempo leve para fazer essas transições completas. O importante é ser intencional e determinado. À medida que você avançar, sua mentalidade mudará e sua vida financeira progredirá de maneira natural e silenciosa.

Afaste-se das pessoas e dos ambientes que dizem que a pobreza é uma virtude ou inevitável. Na verdade, essas pessoas estão falando apenas de si mesmas e de suas incapacidades. Muitas são cheias de recursos materiais e intelectuais, mas não conseguem prosperar ou passar de nível financeiro simplesmente porque pensam muito e agem pouco. Elas esperam estar 100% prontas ou tentam ter todas as respostas. É claro que você não precisa, hoje, estar totalmente pronto e saber todas as respostas, mas é importante saber fazer as perguntas certas. Assim como você também não precisa ter todos os recursos, mas sim a humildade de reconhecer que necessita das pessoas certas e, para isso, deve estar nos locais certos.

O primeiro passo para isso é se afastar das pessoas e dos locais que o distanciam de seus objetivos, sonhos e metas. Quando esse processo acontecer, o próprio ambiente o levará a agir na direção certa. Na direção de uma vida nova e próspera financeiramente.

Alguns anos atrás, eu e a Camila, minha esposa, buscávamos uma igreja para congregarmos. Sabemos a importância disso para nosso relacionamento com Deus e não abrimos mão de frequentar um templo no qual a Palavra seja muito bem pregada, e que isso seja feito com profundidade. Porém, fomos parar em uma pequena igreja na qual o centro de tudo eram regras religiosas. Havia pessoas boas, com boa vontade, porém tristes, sem ambição, sem brilho. Quando cheguei pela primeira vez com meu carro na igreja, vi pessoas olhando com um tom de crítica e reprovação.

No domingo seguinte, percebi algumas mulheres da igreja reprovando o relógio e as joias que Camila usava. No terceiro domingo, fiquei do lado de fora daquela igreja observando as pessoas acomodadas, sem brilho, sem sonhos e incapazes de fazerem diferença no mundo. Pareciam verdadeiros zumbis espirituais. Antes do desfecho do culto, falei à Camila: "Amor, esse não é o nosso lugar, nem a nossa gente, nem o nosso propósito". Com gratidão e respeito, saímos daquela igreja em busca de uma que compartilhasse nossas convicções.

Duas semanas depois, encontramos uma igreja linda, viva, próspera, amorosa, cheia de poder e de unção. Nela, nós crescemos extraordinariamente por quinze anos. Deixamos de ser um casal de classe média e nos tornamos um casal multimilionário, com imóveis, bens e empresas espalhados pelo mundo.

Escolha cada lugar que será frequentado por você e por sua família, pois essa decisão fará toda a diferença no seu futuro.

3. CONHECIMENTO CERTO

Quando estiver 100% empenhado em estar nos lugares certos e com as pessoas certas, precisará estar também 100% comprometido a acessar os saberes, as informações e os **CONHECIMENTOS** que o levarão para uma mudança completa de mentalidade. Ao conduzir essas ações, deve-se mergulhar com o mesmo empenho na rotina que chamo de "vídeo, livro e curso". Isso mesmo, a metanoia não será completa se você não imergir profundamente em novos e precisos conhecimentos e saberes.

Então, mãos à massa! Comece agora essa jornada por novos lugares, novas pessoas e novos saberes. Deixe que essas três ações transformem completamente o seu ser e os seus resultados financeiros.

Pessoas escassas acreditam que, para que alguém ganhe, outro precisa perder. Já os ricos de verdade acreditam, com todas as forças, que todos podem ganhar simultaneamente e ninguém precisa perder. Troque a competição por cooperação. Mostre toda a sua generosidade e disponha-se a ser aquele que serve. Como diz a Bíblia: "Se alguém quiser ser o primeiro, será o último, e servo de todos" (Marcos 9:35).

Quando você entender isso, sua vida será transformada de dentro para fora. Quando se esforçar para ser importante e relevante para quem está ao seu redor, e até mesmo para quem está distante, você se tornará querido e estimado, desejado e respeitado. Nesse momento, experimentará uma das mais poderosas e inesgotáveis fontes de riqueza. Prepare-se para ser essa pessoa!

Todo ser com mentalidade pobre e escassa busca mentir e tirar vantagem sobre os outros. Já os realmente ricos são sempre generosos, justos, íntegros e verdadeiros, pois sabem que há mais que o suficiente para todos e confiam na própria capacidade de gerar riqueza de maneira íntegra. Enquanto você desejar, cobiçar ou invejar o que os outros possuem, estará se afastando da verdadeira riqueza e de todo o potencial que ela carrega.

O sucesso dos outros deve existir apenas como referência do que é possível. Afinal, se alguém pôde, nós também podemos. Está na hora de admirar quem tem o que você gostaria de ter. Está na hora de aplaudir quem faz o que você gostaria de fazer. Ao ser humilde o suficiente para aplaudir, elogiar e admirar os bem-sucedidos, você entra na fila das pessoas de sucesso para receber a sua porção de prosperidade.

Não diminua, invalide e descredibilize o sucesso de ninguém. Dê mérito, honra e reconhecimento a qualquer um, em qualquer lugar que possua resultados positivos. Ou você faz parte do time dos vencedores ou faz parte do time dos perdedores. Por isso, posicione-se nos lugares certos e da forma certa.

Toda pessoa verdadeiramente rica decidiu olhar para o mundo de possibilidades, e não para o mundo de impossibilidades e limitações. Existem infinitas maneiras de prosperar e se tornar rico. É preciso treinar a mente para perceber a oportunidade certa.

> Os olhos são a candeia do corpo. Se os seus olhos forem bons, todo o seu corpo será cheio de luz. Mas se os seus olhos forem maus, todo o seu corpo será cheio de trevas. Portanto, se a luz que está dentro de você são trevas, que tremendas trevas são!
>
> **(Mateus 6:22-23)**

Agora é a sua vez. Escreva 35 vezes nas linhas a seguir: **Este ano será o melhor ano da minha vida financeira. Ano de crescimento e prosperidade.**

PARTE 2

O ENRIQUECIMENTO NA PRÁTICA

CAPÍTULO 10

AS TRÊS PERÍCIAS PARA O ENRIQUECIMENTO

Sua vida financeira atual é um reflexo direto de suas crenças financeiras e do conhecimento técnico que você tem sobre como se tornar rico. Veja bem, são apenas duas áreas a ser dominadas para se tornar rico: a racional, manifestada pelas técnicas e pelos conhecimentos de como fazer dinheiro, e a emocional, manifestada pelas suas crenças.

A partir desse direcionamento, quero convidá-lo a iniciar hoje mesmo duas jornadas simultâneas: uma para mudar suas crenças financeiras limitantes e outra para aprender as técnicas de enriquecimento. Topa esse desafio?

Vamos começar pela primeira: o mundo racional. Nele, existem apenas três áreas que você precisa dominar para se tornar rico. Vamos falar mais profundamente sobre cada uma delas, que são:

1. Saber fazer dinheiro;
2. Poupar o dinheiro que você ganhou;
3. Investir o dinheiro que você conseguiu poupar.

Acredite: se você aprender esses três fundamentos e colocá-los em prática, não importa quem você seja, onde more, seu nível de escolaridade ou idade, você se tornará multimilionário. Eu consegui! E mais: depois de enriquecer, continuo me esforçando para me tornar melhor em cada uma dessas três áreas, porque não quero parar de crescer, de me desenvolver e, sobretudo, de ajudar os outros.

O que você está esperando?

PERÍCIA EM SABER FAZER DINHEIRO

Seu primeiro foco deve ser aprender como ganhar mais dinheiro. Dia após dia, mês após mês, ano após ano, você deve estar atento e aprender como fazer isso. A coisa mais estúpida, e que somente aqueles com uma mentalidade muito pobre me perguntam, é: "Como vou ficar rico ganhando apenas um salário-mínimo?". A resposta é tão simples e tão óbvia que qualquer criança poderia responder: "Ora, aprenda a ganhar mais". Ou será que existe um decreto sobre a sua vida que o impede ou proíbe de ganhar mais dinheiro?

Você conhece alguém que, ano após ano, se tornou melhor no trabalho e, por isso, teve rendimentos maiores? Conhece alguém que prosperou como funcionário e, depois de anos, passou a ganhar várias vezes mais do que quando começou? Conhece alguém que montou um pequeno negócio e, conforme se tornou melhor, o negócio cresceu e passou a render várias vezes mais do que no início?

Por que com você precisa ser diferente?

Basicamente, existem dois tipos de fazedores de dinheiro: o funcionário ou prestador de serviços e o empreendedor. E você pode ser um fazedor de dinheiro de ambas as maneiras. Por isso, atenção: se alguém, em algum treinamento ou na internet, disser que você só será rico se pedir demissão do seu emprego e se tornar um empresário, acredite que ele só quer o seu dinheiro. Afaste-se dele e de seus ensinamentos o quanto antes.

Como sempre digo: tem poder quem age, mais poder ainda quem age certo, e superpoderes aquele que age, age certo e na velocidade certa. O que determinará seu sucesso financeiro é sua capacidade de agir e agir certo. Dê o seu melhor onde está hoje e você prosperará. Leia livros, faça cursos, dedique-se e trabalhe como quem trabalha para o próprio Deus. Seja a pessoa que assume responsabilidades, que serve aos colegas e clientes. Se você ainda juntar a tudo isso um comportamento generoso e disponível, seu progresso profissional e financeiro será meteórico.

E eu já disse como isso acontece: você precisa de determinação e ambição – ou até mesmo de um pouco de vergonha na cara – para sair da zona de conforto e se dispor a aprender como ganhar mais dinheiro no que faz ou, ainda, aprender outra profissão ou negócio que o remunere várias vezes mais. Mas cuidado: o foco não é ficar mudando de negócio ou de profissão. Seu desafio é estudar o suficiente para se tornar um perito no que faz a ponto de produzir muito mais e melhor do que seus pares.

"Não coloque todos os ovos na mesma cesta" é uma frase frequentemente mal interpretada e usada por pessoas com mentalidade pobre. Tais pessoas, movidas por escassez e medo da pobreza, buscam ter vários negócios simultaneamente, com a justificativa de que, se um negócio for mal, o outro vai compensar. Em minha experiência, ao longo desses mais de vinte anos ao lado de grandes empresários, quanto mais negócios diferentes, menos foco em cada um, menos atenção e, sobretudo, menos tempo dedicado a fazer a empresa dar certo.

Certa vez, conheci um grande empresário que chegou a ter 26 empresas diferentes. E ele me confidenciou que hoje, com apenas uma, lucra trinta vezes mais do que quando tinha 26. Quando ele olha para o passado, percebe que tudo o que conseguiu com tantos empreendimentos foi colecionar problemas e dívidas. Ao estar focado em apenas um negócio, ele teve a atenção, o tempo e o conhecimento necessários para se tornar bilionário. Meu conselho é: torne-se um perito em seu negócio ou profissão, dedicando tempo suficiente para fazê-lo crescer e lucrar.

Muitas pessoas, quando têm algum êxito em uma atividade profissional ou financeira, se acham eternamente capazes de ter sucesso em qualquer empreendimento que se determinem a executar. Na verdade, essa convicção é um misto de prepotência e ingenuidade. Não é porque você teve sucesso como médico que terá como empresário. Não é porque teve sucesso como lojista na área de moda feminina que terá sucesso como fabricante de roupa masculina ou infantil. Assim como ser um ótimo cozinheiro não valida suas habilidades para ser o dono do restaurante. São coisas completamente diferentes.

E, de maneira também verdadeira, não é porque você teve sucesso no passado que terá no futuro. Hoje em dia, os negócios pedem um conjunto de novos conhecimentos, habilidades e crenças. Então, antes de iniciar um novo negócio, aprenda tudo sobre aquele ramo de atividade. Investigue quais novas habilidades, conhecimentos e até mesmo crenças você precisará conquistar para ter sucesso em sua nova empreitada.

Para ser um fazedor de dinheiro, seja como funcionário ou empreendedor, é necessário perícia e habilidades específicas. O início desse aprendizado está na atitude de ser o melhor que puder com os conhecimentos e recursos que tem agora. Não existem desculpas para não dar o seu melhor. Dedique-se e esforce-se. Estude todos os dias como produzir mais, com mais qualidade e em menos tempo. Traga otimismo e entusiasmo produtivo para seu ambiente profissional. Ajude seus colegas. Lidere pelo exemplo. Seja grato pelo seu trabalho ou negócio. E, sobretudo, gere grandes resultados!

Se fizer isso, invariavelmente progredirá de maneira rápida e fará mais e mais dinheiro, cumprindo o primeiro elemento da criação de riqueza.

PERÍCIA EM GUARDAR DINHEIRO

Após aprender a ganhar mais dinheiro ao se tornar perito no seu trabalho, a segunda área racional indispensável para o enriquecimento é a capacidade de poupar uma parte considerável do dinheiro que ganha mês a mês.

É possível ganhar uma verdadeira fortuna todo mês, mas continuar pobre. É o que chamo de correr atrás do próprio rabo: alguém assim nunca sairá do lugar, pois quanto mais ganha, mais gasta. Se você quer ser rico de verdade, precisa acumular riqueza. A equação é simples: ganhe mais e gaste menos.

Não faz muito tempo que conheci um empreendedor bem-sucedido, mas endividado, devido aos gastos extravagantes que ultrapassavam suas receitas acima da média. Apesar de sua empresa prosperar anualmente, sua falta de controle financeiro pessoal o levou à instabilidade econômica. E o que essa breve história pode nos ensinar? Da importância de administrar as finanças com responsabilidade e evitar dívidas excessivas. A riqueza não está apenas relacionada ao que se ganha, mas também à habilidade de gastar de modo consciente e planejado. O exemplo desse empreendedor serve como lembrete de que prosperidade requer disciplina financeira e viver dentro de suas possibilidades. Gerir bem o dinheiro é essencial para conquistar uma vida financeiramente saudável e bem-sucedida.

Minha riqueza veio a partir da decisão, quando eu ainda era noivo da Camila, passando por muitas dificuldades financeiras, de pouparmos 50% de tudo que ganhássemos para, um dia, nos tornarmos ricos e não passarmos pelas dificuldades financeiras que nossos pais passaram e ainda passavam. No começo, não foi nada fácil. Pelo contrário, foi difícil ter dinheiro e não gastar, ver coisas que podíamos comprar e, mesmo assim, nos conter e ficar só olhando. **Ser rico é para quem decide adiar o prazer imediato por um sucesso financeiro futuro.** Essa decisão foi tão verdadeira que até hoje vivemos abaixo de nosso padrão financeiro, poupando os mesmos 50% do que ganhamos, tal qual no início de nosso relacionamento.

Se você ainda não consegue poupar 50% de tudo o que ganha, comece com 10%. Para ser um poupador eficaz, é necessário poupar o maior percentual possível que conseguir. Não existe segredo para poupar além de gastar menos do que se ganha.

Quando você vive o segundo elemento da criação de riqueza, vive algo sobrenatural: ter dinheiro muda as suas crenças financeiras. **Nada é mais transformador para o contexto de reprogramação de crenças financeiras do que ter e acumular dinheiro.** E com essa poupança você está apto a passar para a terceira perícia.

PERÍCIA EM INVESTIR DINHEIRO

A terceira área racional e técnica a ser dominada é investir para se tornar rico. De nada adianta, como você já deve ter percebido, poupar dinheiro se não o fizer trabalhar para você.

Quando eu e Camila tomamos a decisão de guardar metade de tudo o que ganhávamos, já era com o propósito inicial de investir todo esse valor. Isso mesmo: eu e minha esposa sempre investimos 50%, doamos 20% e vivemos com os 30% restantes. Essa decisão corajosa e arrojada nos tornou ainda mais focados na questão profissional e nos proporcionou rendimentos passivos que nos fazem ganhar muito dinheiro enquanto estamos dormindo ou viajando e de férias. É a mágica do dinheiro fazendo dinheiro, e não de apenas o meu trabalho e suor fazendo isso.

Ter investimentos rentáveis e seguros é uma tremenda mudança de paradigma, pois, antes de ser rico, você depende da força do seu trabalho, mas, depois, pode depender da qualidade dos seus investimentos. *Caraca!* É maravilhoso imaginar que, ao ter investimentos, você pode estar de férias e, ao mesmo tempo, enriquecendo; que, mesmo dormindo, seu patrimônio está aumentando.

Só você pode trabalhar por si mesmo e, dessa forma, apenas você poderá economizar os próprios recursos. Apesar disso, não é preciso ser um *expert* em investimentos para começar nessa jornada. Você pode contratar profissionais com conhecimentos técnicos infinitamente melhores do que os seus para orientá-lo sobre onde e como investir.

Depois de cumprir os dois primeiros elementos da criação de riqueza, você está apto a viver este terceiro e extraordinário elemento e tornar-se um investidor. Ser investidor é ser capaz de fazer com que o seu dinheiro se multiplique. Enquanto você dorme ou aproveita as férias, seu dinheiro age como uma semente, germinando e gerando mais recurso financeiro. Isso é tremendo! E quanto mais renda bem investida você tiver, mais renda será produzida sem esforço algum seu.

Enquanto escrevo este livro, estou em um voo com minha esposa e meus filhos indo passar férias novamente em Israel. E o melhor dessa história é que, enquanto estarei passeando pelos locais em que Jesus Cristo pisou, meus investimentos estarão me tornando mais rico sem que eu precise fazer absolutamente nada.

Ah, Paulo, mas eu não entendo nada de investimentos!

A coisa mais tola e ingênua que um aspirante a rico pode fazer é acreditar que será capaz de se tornar um perito em investimentos e, em vez de dedicar tempo para fazer mais dinheiro com seu trabalho ou sua empresa, gastar seus minguados recursos financeiros e seu tempo na frente de um computador comprando e vendendo ações achando que é um profissional da área. Pura ilusão.

Em minha jornada de enriquecimento, sempre dediquei 98% do meu tempo para fazer mais dinheiro com meu trabalho. E dediquei apenas 2% dele para ouvir peritos em investimentos, infinitamente melhores do que eu, me aconselhando sobre como e onde eu deveria investir.

Ser rico não é resultado de economizar no cafezinho, como muitos creem. Existem pessoas avarentas e extremamente poupadoras que, mesmo poupando o cafezinho e não indo ao dentista para não gastar dinheiro, são pobres. Assim como existem esbanjadores, que amam ostentar e mesmo assim se tornaram monetariamente muito ricos. A solução é conseguir obedecer aos três elementos da criação de riqueza ao mesmo tempo – e não apenas valorizar um deles. Vamos recordá-los?

1. **Fazer dinheiro consistentemente;**
2. **Poupar o máximo possível de tudo o que ganha;**
3. **Investir de maneira rentável e segura o valor poupado.**

Quais fichas caíram durante a leitura desse capítulo e quais decisões você decidiu tomar em relação aos três elementos da criação de riqueza?

___

___

___

___

___

___

___

___

___

___

___

PARTE 3

OS TRÊS COMPORTAMENTOS UNIVERSAIS DO SUCESSO

CAPÍTULO 11

VISÃO POSITIVA DE FUTURO

De acordo com postulados da Física Quântica, a realidade é criada pelo observador, ou seja, a nível quântico, a realidade não existe se você não olhar para ela. É o que afirma o professor da Escola de Física e Engenharia da Universidade Nacional da Austrália (UNA) em experimento publicado na conceituada revista científica *Nature*.[2] Assim sendo, tudo o que vivemos foi anteriormente criado e visto em nossas

---

2 Para saber mais sobre esse experimento, recomendo a leitura do trabalho original disponível em: https://www.nature.com/articles/nphys3343. Acesso em: 19 jul. 2023.

mentes. O problema é que observamos o mundo ao nosso redor por meio das imagens do nosso passado. E, por fim, reproduzimos em nossas vidas tudo aquilo que continuamos vendo em nossa mente consciente e subconsciente.

A miséria existe e você sabe muito bem disso. Então, não precisa se contaminar com imagens e informações que poluem sua mente apenas para se certificar de que o mundo continua com os mesmos problemas. Digo isso pois esse conteúdo negativo vai produzir memórias negativas e combater o futuro que você está construindo em sua mente.

Somente indivíduos débeis emocionalmente se dispõem a contaminar a mente com programas de televisão que trazem todo tipo de desinformação, miséria, desgraça e catástrofes. Apenas indivíduos limitados dedicam seu precioso tempo para dar atenção a informações negativas e empobrecedoras. Tome agora a decisão de selecionar todos os tipos de informação que chegam até você e só se permita ver, ouvir e sentir o que engrandece suas emoções e convicções positivas sobre si e sobre seu futuro.

Precisamos repovoar nossa mente com novas imagens, só que dessa vez não com as imagens dolorosas e escassas do passado, e sim com as imagens extraordinárias do futuro que desejamos. E o primeiro passo é criar o seu **mural da vida extraordinária**, que, em outras palavras, é um mural de fotos que contenham a sua **visão positiva de futuro**.

Quanto mais clara e bem definida for a sua visão, mais ativo você estará no campo quântico das realizações. Porém, para que haja mudanças na estrutura quântica ao seu redor e no seu comportamento ativo, é necessário passar o maior tempo possível contemplando essa sua visão positiva de futuro, alimentando de tal forma sua mente que essas novas imagens sejam capazes de cobrir completamente as imagens de escassez do seu passado.

Duas a três vezes por dia, observe as imagens no seu mural da vida extraordinária. E, em uma dessas vezes, será necessário fechar os olhos e se imaginar sendo aquela pessoa, fazendo aquelas coisas, usufruindo de tudo o que está no mural. E isso deve ser repetido até que tudo se torne real. Lembre-se: é necessário empilhar novas memórias de abundância sobre as memórias de escassez do passado até que sua mente só consiga acessar as novas memórias – mesmo que sejam fabricadas pela sua imaginação.

A mente humana não distingue o que é real do que é imaginado. Isso lhe oferece a liberdade de produzir novas e extraordinárias experiências, pois é a partir delas que colocamos em nossa mente subconsciente e consciente as memórias que são produzidas. E são justamente essas memórias novas que nos fazem crer em quem somos e no que podemos fazer e ter.

Durante as suas visualizações, veja o mais nítido possível tudo aquilo ao seu redor. Visualize-se usando e tendo o que está em seu mural. Quanto mais repetir esse exercício, melhor observador se tornará, e sua mente entrará no ambiente quântico e alterará o seu futuro, tornando-o mais e mais parecido com tudo o que você observou em sua mente.

Ao visualizar as imagens do seu mural da vida extraordinária, será muito importante sentir gratidão por tudo aquilo que observa. Pessoas que conseguem sentir gratidão pelas coisas que ainda não aconteceram, como se já tivessem acontecido, aceleram o processo quântico da realização.

VISUALIZAÇÃO MENTAL + GRATIDÃO = REALIZAÇÃO RÁPIDA

Essa equação não obtém o resultado esperado somente quando a procrastinação assume o papel principal em sua vida. As pessoas servem-se da procrastinação para se afastar do seu potencial de enriquecimento. Todos os nossos sonhos não alcançados estão logo ali, bem ali. Seja como for, eles podem e devem ser conquistados, mas, para isso, você precisa pôr-se em ação. Acredite, é pouquíssimo provável que seus objetivos e as soluções das quais precisa venham até você espontaneamente. Para alcançar a riqueza é obrigatório superar a procrastinação, parar de deixar para depois suas tarefas, obrigações e compromissos.

Agora, gostaria de lhe oferecer mais duas dicas para engajar sua ação: a primeira é não dormir sem ter a relação de todas as tarefas a serem feitas no dia seguinte. A segunda é, antes de encerrar o dia, fazer um ensaio mental (visualização) das tarefas mais importantes a serem feitas no dia seguinte.

Há algumas décadas, quando eu ainda não tinha recursos financeiros, o professor de um curso de MBA no qual eu estudava desafiou minha turma a compartilhar nossa visão positiva de futuro. Prontamente e sem filtros, compartilhei minha visão de negócio na área de educação. Muitos dos meus colegas riram, ridicularizaram, e outros se calaram com compaixão por uma visão tão grandiosa para uma pessoa tão limitada de recursos.

Hoje, tenho a maior escola de negócios da América Latina, com mais de 1.300 colaboradores, com franquias espalhadas por quatro continentes, gerando muita prosperidade e lucro. A moral da história é que não importa se não acreditam nos seus sonhos e objetivos, o que importa é você acreditar, persistir de maneira inteligente sem nunca perder a visão e estar pronto (e disposto!) para aprender durante todo o trajeto. Você jamais encontrará alguém permanentemente rico sem ambição. Isso mesmo, ambição. Uma pessoa ambiciosa é inconformada com o que tem, por melhor que esteja.

CAPÍTULO 12

PERSISTÊNCIA

A riqueza é como uma prova de resistência. Será rico quem perseverar até o fim. Eu não conheço nenhum multimilionário que não tenha quebrado duas ou três vezes ao longo da vida. Entenda que não me refiro aos herdeiros, mas sim àqueles que geraram suas fortunas sozinhos.

Querer ser rico na primeira tentativa é como ser jogador de futebol sem nunca sofrer uma falta. A verdade é que quanto mais craque você for, mais faltas sofrerá. Por isso, a pergunta que deve estar se fazendo agora é: *até quando falharei?* E a resposta é simples: quanto mais rápido você for capaz de aprender a se levantar diante desses reveses, mais rápido prosperará. Por isso, torne-se o melhor e mais dedicado de todos os aprendizes. Tenha sempre o espírito de herói aprendiz e cultive a persistência.

A persistência é a qualidade daqueles que não desistem, que permanecem firmes, que possuem constância. Essa característica é hoje tida por alguns ramos da neurociência como mais importante do que a inteligência emocional e a inteligência racional. Ou seja, ela supera qualquer uma das inteligências. E eu a considero um comportamento universal e fundamental para o sucesso humano em qualquer área da vida.

As pessoas costumam confundir persistência com insistência e acabam por dificultar ainda mais a própria jornada. Insistência é quando eu quero chegar em um lugar e sigo sempre o mesmo caminho, mesmo quando esse é um percurso que não dá certo. A insistência, portanto, é um comportamento repetitivo, burro, ineficaz. “Eu quero ir ali, mas sempre bato nessa cadeira, e eu vou de novo e bato na cadeira.” Que tal desviar da cadeira? Que tal passar por cima dela? Que tal removê-la do seu caminho? Porém, há indivíduos que querem chegar ao destino pelo mesmo percurso, cometendo os mesmos erros repetidas vezes, como aquela esposa que insiste em tentar mudar o marido agindo da mesma forma ou aquela pessoa que estuda para a prova sempre do mesmo jeito e não passa, entre tantos outros exemplos que testemunhamos diariamente. Isso é insistência.

A persistência, por sua vez, é ter um objetivo e seguir firme nele. E, se não der certo realizá-lo de uma forma, saber adaptar a estratégia para chegar até onde você deseja estar. Se continua a não dar certo, você vai mudando e se adaptando até encontrar uma maneira de chegar ao objetivo. Você não para até que se realize, pois persistência pressupõe realização e crescimento. Pressupõe que obstáculos pequenos ou terríveis não o impedirão de chegar lá nem o farão parar no meio do caminho. **Pessoas de sucesso são persistentes, não se abalam nem param.**

E você pode se perguntar: "Paulo, como é que eu posso trazer essa persistência poderosa para minha vida?". Quando você realiza um sonho ou objetivo, seu cérebro produz os hormônios do prazer, entre eles a endorfina e a dopamina; sempre que você realiza um objetivo, seu corpo é inundado por ela. E, como disse antes, a mente humana não consegue distinguir o que é real do que é imaginado. Então, até mesmo quando você se imagina realizando um objetivo importante, seu cérebro produz e inunda seu corpo com endorfina, gerando uma sensação gigantesca de prazer e bem-estar.

Ao praticar a visualização constante da realização de suas metas e objetivos, você acostuma seu cérebro e seu corpo a esse hormônio, ao prazer e ao bem-estar. Seu cérebro, então, na busca por essas sensações, muda os hábitos, os comportamentos, e põe você a trabalhar na busca daquilo que dá motivação, que dá persistência. Então, quando você olha para seus objetivos mentalmente, em pé, e sente, se mexe, como se fosse real, seu cérebro acredita. Amanhã, seu cérebro quer mais endorfina. O que ele vai fazer? Pôr você para trabalhar, para agir na direção de seus objetivos. E isso vai gerar **persistência, disciplina e foco**.

Essa é uma estratégia que uso há mais de vinte anos, uma estratégia de realização e de visualizar todos os dias os meus objetivos. Acredite: em todos os momentos que eu parei de realizar esse exercício, meu crescimento diminuiu ou estagnou. A pergunta que lhe faço é: você está pronto para definir e visualizar suas metas de maneira a gerar prazer, bem-estar e persistência? Se sim, eu convido você a iniciar essa jornada agora mesmo.

CAPÍTULO 13

VERDADE, INTEGRIDADE, CARÁTER

Como terceiro componente dos comportamentos universais de sucesso, trago a tríade verdade, integridade e caráter. E começo este texto explicando a você – apenas porque às vezes é necessário dizer o óbvio – que a vida não pode nem deve ser construída com base em mentiras.

Em João 8:44, está escrito:

> Vocês pertencem ao pai de vocês, o diabo, e querem realizar o desejo dele. Ele foi homicida desde o princípio e não se apegou à verdade, pois não há verdade nele. Quando mente, fala a sua própria língua, pois é mentiroso e pai da mentira.

Essa passagem nos mostra quão nociva é a mentira e quanto ela o impede de mudar; mentir o leva a continuar errando e tira sua responsabilidade sobre seus erros. Pare e pense: que mentira você conta, ou já contou, que destrói a sua vida? Amigo(a), ponha amor em minhas palavras agora: as mentiras são apenas um atalho para você se sentir amado, e isso trará consequências. Cada vez que mente, você assina uma promissória e fica em dívida com o diabo. Acredite: chegará o dia em que ele cobrará e destruirá todas as áreas da sua vida, inclusive a financeira.

Quando mentimos, assumimos papéis diferentes de quem somos de verdade: bem-sucedidos, ricos, felizes e saudáveis. Dizemos que temos o que, na verdade, não temos: dinheiro, beleza, negócios, carreira, resultados. Dizemos que fazemos o que, na verdade, não estamos fazendo.

Cada vez que você permitir que esses comportamentos façam parte do seu dia a dia, de modo natural e quase imperceptível, você se adaptará e achará comum que eles aconteçam, porém, gradativamente, se distanciará da pessoa que nasceu para ser e viver: a imagem e semelhança do Criador.

E como voltar a ser e viver conforme você foi criado, à imagem e semelhança de Deus? Cultivando, em todas as suas ações e comportamentos, a verdade, a integridade e o caráter. Afinal, esses três pilares moldarão para você uma vida pautada na justiça, na credibilidade e na honestidade. Mas falemos, a seguir, de cada um deles.

A **verdade**, que significa estar/agir conforme os fatos e a realidade, é, como já deixei claro neste livro, geradora de consciência e conhecimento, fatores essenciais para a transformação humana em qualquer área da vida. Quando agimos e nos comportamos de acordo com a verdade, passamos a enxergar o mundo, as pessoas e a nós mesmos com mais objetividade. A partir disso, conseguimos enxergar nossos erros, aceitar a existência deles e, assim, mudar aquilo que é necessário para alcançarmos nossa melhor versão.

A **integridade**, por sua vez, é a característica daquilo que está inteiro, que não sofreu qualquer diminuição, que não foi corrompido. Mais uma vez, quando mentimos, desonramos nossa palavra ou, na área financeira, buscamos atalhos ou meios ilícitos para construir nossa riqueza, estamos corrompendo e destruindo nossa real identidade de pessoas honestas e corretas. Tenho certeza de que não é isso que você deseja para a sua vida.

Fechando a tríade, temos o **caráter**, que é um conjunto de qualidades, boas ou ruins, e/ou traços morais que distinguem um indivíduo. É, geralmente, por esse conjunto de qualidades que se formará sua reputação, seu grupo de amigos e as conexões que estabelecerá na vida. Quanto mais desenvolvermos nosso caráter com boas qualidades, quanto mais vivermos de maneira correta, equilibrada, justa e generosa, mais chances teremos de atrair e manter ao nosso lado pessoas que também vivem por esses princípios.

Portanto, cultivar a verdade, a integridade e o caráter nos garante uma vida correta, na qual reconhecemos e corrigimos nossos erros, atraímos e nos cercamos de pessoas que têm a mesma boa índole que a nossa e agimos, com os outros, conosco e com o mundo, de maneira honesta e generosa. Tudo isso faz parte da personalidade e do comportamento dos verdadeiramente bem-sucedidos e prósperos.

Mas lembre-se: não se trata de evitar contar grandes mentiras. Trata-se de abolir a mentira da sua vida, seja ela grande ou pequena, e, assim, viver com verdade, integridade e caráter cada um dos seus momentos. Quando digo que não conto mentiras, estou falando também das que as pessoas consideram inofensivas, como dizer que está a caminho quando ainda nem saiu de casa, ou dizer que se atrasou por conta do trânsito quando na verdade não soube gerenciar o tempo. Abolir a mentira da minha vida me trouxe reputação e credibilidade para estabelecer conexões e negócios poderosos, o que me ajudou a alcançar o sucesso financeiro que tenho hoje. Por isso, desafio você a abolir a mentira da sua vida e garanto que você verá o extraordinário acontecer. Você está preparado?

Cultivar a verdade, a integridade e o caráter nos garante uma vida correta, na qual reconhecemos e corrigimos nossos erros, atraímos e nos cercamos de pessoas que têm a mesma boa índole que a nossa e agimos, com os outros, conosco e com o mundo, de maneira honesta e generosa.

PARTE 4

ARMADILHAS DA RIQUEZA

CAPÍTULO 14

ORGULHO

Quando Moisés libertou o povo hebreu do cativeiro no Egito, ele não os levou direto para a terra prometida de Canaã, onde emanava leite e mel. Aquele povo, que acabara de ser liberto, havia passado quarenta anos vivendo como escravo. Nesse período, eles assumiram uma mentalidade pobre, pequena, vitimizada, rejeitada, orgulhosa, rebelde e insatisfeita, e Deus não deixaria que pessoas com mentalidade tão escassa habitassem a terra prometida.

Existia uma jornada a ser cumprida, uma jornada de transformação de mentalidade: de escravos para livres; de pobres para ricos; de rebeldes para obedientes; de insatisfeitos para vitoriosos. Você reconhece essa jornada? Todas aquelas pessoas precisavam atravessar e vencer o deserto antes de entrar em Canaã. Essa era a prova pela qual eles precisavam passar antes de receber a maior de todas as bênçãos.

Por que você acha que comigo e com você seria diferente?

Você pode estar se perguntando neste momento: "O que isso tem a ver comigo?". Eu explico. Primeiro, talvez você esteja vivendo uma vida metaforicamente de escravidão, uma escravidão financeira, dependendo de outras pessoas, ou um deserto na sua vida conjugal ou profissional, vivendo problemas sem saber o que fazer ou para onde ir. Será que está acontecendo isso com você? A verdade é que, antes de recebermos nossas bênçãos financeiras, teremos de passar por uma prova e atravessar o nosso deserto. E quem passa por esse teste é admitido para um novo nível.

Por isso, o melhor lugar para se estar antes da terra prometida é no deserto, o local de aprendizado, pois quem aprende muda. A grande questão é que todos querem ser aprovados, mas pouquíssimos querem se preparar, muito menos enfrentar a prova. O tempo do seu deserto financeiro será o necessário para que você aprenda e mude tudo o que precisa ser transformado dentro de si mesmo. Se for humilde e autorresponsável o suficiente para aprender rápido, logo sairá dessa provação e chegará à terra prometida. Porém, se não for autorresponsável nem humilde, passará a vida inteira no deserto e lá será enterrado sem nunca realizar seus sonhos financeiros mais simples.

Primeiro, é preciso mudar, aprender, e esse local chamado deserto é como uma escola. Ao reler a metáfora do povo judeu que apresentei no começo deste capítulo e aprofundar sua leitura na Bíblia Sagrada, você perceberá que eles não tinham abundância, apenas o necessário: havia o maná que desceu do céu, o leite, o mel, com porções suficientes para sobreviver, pois Deus não deixaria que eles perecessem; no entanto, eles não aprenderam.

Agora, olhando para sua realidade atual, você pode estar há um, dois, cinco meses ou um ano desempregado, com problemas se repetindo com frequência, e pensa: *eu estou no deserto*. Sim, concordo com você, mas, assim como essa é a sua realidade atual, você ainda está nela por sua dificuldade de aprender e de mudar, afinal, uma pessoa de mentalidade pobre não ganha dinheiro. Uma pessoa com mentalidade de infelicidade não tem um casamento feliz. Uma pessoa vitimada não vence.

E o que determina essa falta de aprendizado com algo que parece tão óbvio? O povo judeu podia ter passado apenas quatro meses no deserto, mas passou quarenta anos, simplesmente porque não mudou. Então, amigo(a), tenha a consciência de que seu cérebro está acostumado com a situação em que você está agora, e que mudar vai doer, mas esse é o caminho que proporcionará um futuro de alegria e realização.

Certa vez, meu pai pediu que eu ajudasse uma amiga da família. Conversando com ela, perguntei: "Como você está?". E ela respondeu: "Passando pelo deserto de novo, mas vou superar as dificuldades. Na próxima semana, vou iniciar um novo processo profissional em outra cidade; está difícil, mas vou tocar esse projeto". Foi quando ela disse algo que me deixou alerta: "Mas confesso que a última piorada me deixou muito mal, e sempre foi tudo por erro meu, só meu". Assim, eu disse para ela: "Você precisa mudar a sua mentalidade, dando estímulos positivos e reprogramando suas crenças, pois, se não fizer isso, ficará sempre sujeita às intempéries".

Entendeu? O tempo que passará no seu deserto financeiro, profissional ou conjugal depende do tempo necessário para que você mude. O problema não está fora, está dentro.

À medida que você entende isso, percebe que os estímulos responsáveis por mudar sua mente precisam ser maiores do que os estímulos do deserto em que está. Trabalhe sua mente, dedique tempo, disciplina e obstinação para que você continue firme na jornada - não em quarenta anos, mas em quatro, catorze, quarenta dias ou, no máximo, quatro meses.

Este é o meu convite para você: mude sua mente com o estímulo positivo constante. Nesse processo, quem são as pessoas com quem você vai conviver? Quais são os livros que você vai ler? O deserto será uma escola maravilhosa, e seu destino será uma vida extraordinária e de abundância - basta fazer o que precisa ser feito.

Ser humilde é reconhecer suas limitações e buscar ajuda para continuar na jornada de suas metas e objetivos. Ser humilde é jogar fora toda autossuficiência, reconhecer que ninguém chega a lugar algum de destaque na vida sozinho. Ser humilde é se tornar vulnerável e aceitar os próprios erros como uma etapa fundamental no processo de aprendizagem e transformação e, assim, aprender com eles, em vez de os esconder, negar ou diminuir os seus tropeços. Ser humilde o faz ser querido, admirado e, talvez o mais importante, extremamente confiável e cheio de credibilidade. A humildade faz de você um ímã de pessoas prósperas e é uma ferramenta muito poderosa de enriquecimento.

O oposto da humildade é a arrogância, que é a porta de entrada para o orgulho e a ruína. Quer ser uma pessoa rica de verdade? Não importa quão rico monetariamente seja, enquanto avaliar a si e às pessoas ao seu redor pelo que possuem, você será uma pessoa miserável e infeliz, porque é uma pessoa orgulhosa. Então, se quer prosperar, aprenda a moer seu orgulho e a olhar para si como um aprendiz. Aprenda a olhar as pessoas ao seu redor com amor e muito respeito.

Apenas quem tem mentalidade pobre valoriza as pessoas pelo que têm e fazem. As pessoas verdadeiramente ricas valorizam os outros pelo que são, ou seja, pelo caráter, pela integridade e pela verdade. Quem se acha melhor do que os outros pelo que possui é verdadeiramente escasso e doente e precisa de ajuda urgente para mudar sua mentalidade.

Riqueza não tem nada a ver com orgulho. Pelo contrário, toda escassez vem da mesma fonte do orgulho. Assim, pessoas orgulhosas são necessariamente escassas. Quanto mais orgulhoso, altivo, autossuficiente e esnobe você é, mais pobre é a sua mentalidade. As pessoas verdadeiramente ricas são simples. Conheci ricos humildes, assim como conheci pobres orgulhosos. O dinheiro e a riqueza não mudam ninguém, apenas manifestam o caráter que a pessoa já tem. O homem rude se torna mais rude quando ganha dinheiro. E o generoso se torna mais generoso quando enriquece. O dinheiro é apenas uma maneira poderosa de manifestar e ampliar o caráter de uma pessoa.

Quando, no Método CIS, pergunto a meus milhares de alunos quem é orgulhoso, quase ninguém levanta a mão. Não levantam porque simplesmente desconhecem todo o orgulho que existe em si mesmos. Para facilitar o processo de autoconhecimento, vou relacionar algumas formas pelas quais o orgulho se manifesta nas pessoas: prepotência, arrogância, autossuficiência, impaciência, vitimização, ingratidão, desrespeito, falta de perdão, vaidade, atalho, crítica (exagerada ou infundada), ingenuidade, desonra, inveja. Com quais dessas maneiras o orgulho tem se manifestado em sua vida e o empobrecido? Em quais dessas maneiras o orgulho e a pobreza se movem em você?

Reconheça o orgulho, triture tudo o que puder dele, e a riqueza se aproximará de você de maneira imediata e natural. Como está escrito em João (8:32): "Conhecerão a verdade, e a verdade os libertará". Ser verdadeiro é um elixir de virtudes que se manifesta ao longo de todas as suas relações.

Riqueza não tem nada a ver com orgulho. Pelo contrário, toda escassez vem da mesma fonte do orgulho.

CAPÍTULO 15

NÃO SABER DIZER NÃO PARA O PRAZER IMEDIATO

Nenhum comportamento é mais destrutivo ou capaz de tornar o ser humano mais miserável, pobre ou medíocre do que querer viver o prazer imediato a toda hora e a todo custo. A vida é feita de escolhas. E é justamente a qualidade das nossas escolhas que determina aonde chegaremos.

Somos desafiados a fazer mais de 2 mil escolhas por hora, segundo os autores Barbara Sahakian e Jamie LaBuzetta.[3] Escolhemos a hora que sairemos da cama, se comeremos alimentos hipercalóricos, se faremos atividade física, se seremos o melhor em nosso trabalho; escolhemos, inclusive, com quem nos relacionaremos. Cada escolha é uma plantação que dará o seu fruto no tempo apropriado, como está escrito na Bíblia: "Não se deixem enganar: de Deus não se zomba. Pois o que o homem semear, isso também colherá (Gálatas 6:7).

Walter Mischel,[4] pesquisador inglês criador do teste do marshmallow, comprovou que crianças capazes de adiar o prazer imediato em prol de um objetivo futuro se tornaram adultos mais ricos, felizes e saudáveis. O mesmo acontece comigo, com você e com qualquer outra pessoa. Se formos capazes de adiar o prazer imediato de uma pizza com refrigerante e, em vez dela, comermos uma salada, teremos muitíssimo mais chance de ser saudáveis do que aquele que não resistiu à tentação sedutora da pizza com "refri".

Quantas vezes na minha vida eu estava trabalhando enquanto meus amigos estavam na praia? Quantas vezes eu estava exausto e tudo o que eu queria era deitar e dormir o sono dos justos, mas, em vez disso, continuei pesquisando

---

3 No livro *Bad Moves: How Decision Making Goes Wrong, and the Ethics of Smart Drugs*, de 2013, os pesquisadores destacam que um adulto faz impressionantes 35 mil escolhas por dia. Supondo que a maioria das pessoas gaste cerca de sete horas por dia dormindo e, portanto, não tem necessidade de escolher nada, isso significa cerca de 2 mil decisões por hora ou uma decisão a cada dois segundos.

4 O autor Walter Mischel explica profundamente a natureza da força de vontade em seu livro O *teste do marshmallow: por que a força de vontade é a chave do sucesso.*

e escrevendo meus livros? Quantas vezes me preparei para mais um fim de semana em que eu ficaria trancado em uma sala de treinamento com milhares de alunos enquanto tudo o que meu corpo desejava era descanso e tranquilidade? Dinheiro talvez não signifique renúncia, mas certamente significa fazer escolhas que vão contra seus instintos naturais e desejos mais profundos.

Pessoas de mentalidade pobre agirão de acordo com o que lhes dá prazer instantâneo. Elas abafam seus medos e carências emocionais com a endorfina produzida pelas recompensas emocionais. Por isso, essas pessoas escolhem batata frita e refrigerante dia após dia no almoço e obviamente terão todo o prazer do açúcar, do carboidrato e da gordura, mas certamente colherão, em algum momento, o ônus de uma saúde precária.

Esse comportamento nocivo avança em todas as áreas da vida, da profissional à familiar. Na profissional, por exemplo, faz com que um convite para ir à praia com os colegas seja aceito em vez de ficar em casa e se preparar melhor para apresentar o projeto profissional que poderia mudar sua vida. No casamento, a busca desse prazer imediato e sem limites fará essa pessoa paquerar outra ou até trair seu cônjuge na busca de viver prazeres. Viver o prazer imediato sem limites faz com que nos tornemos fracos, mimados e frágeis diante dos desafios.

Se quer ter sucesso, conquistas e uma existência de valor, você precisa começar agora a dizer não a si mesmo, sair da zona de conforto e passar a fazer não o que é fácil ou prazeroso, mas tudo aquilo que tem de ser feito. E se quer ter mais sucesso ainda, faça tudo o que tem que ser feito com paixão e dedicação, por mais aborrecido que esteja. Afinal,

tem poder quem age, mais poder ainda quem age certo, e superpoderes quem age, age certo e na velocidade certa.

E como tem poder quem age, e mais poder ainda quem age certo, sua riqueza virá mediante a sua capacidade de agir e agir certo no tocante a trabalho e finanças. Então, o primeiro passo é estabelecer suas metas e objetivos financeiros.

Quanto você quer ganhar por mês? Quanto quer acumular de patrimônio financeiro neste ano? Quais são os bens ativos que pretende adquirir? Se você não tem uma visão clara e positiva de futuro, nunca sairá da zona de conforto ou nunca agirá massivamente na direção certa. Lembre-se: sua visão positiva de futuro financeiro deve ser feita com imagens fotográficas que representem detalhadamente cada um dos seus objetivos e sonhos. Com elas em mãos, está na hora de construir um plano de ação contendo absolutamente tudo o que precisa ser feito para conquistar seu objetivo e, finalmente, começar cada dia com a relação das ações a serem executadas naquele dia.

Vamos à prática com quatro passos simples:

1. Construa o painel fotográfico dos seus sonhos e metas;
2. Coloque data para realizar cada imagem/objetivo;
3. Relacione absolutamente todas as ações com datas que precisam ser executadas para que cada um dos seus objetivos aconteça;
4. Comece cada manhã com as ações a serem feitas naquele dia relacionadas na sua agenda.

Assim, você estará na jornada da sua construção financeira.

O jogo da riqueza passa pela capacidade de fazer as escolhas certas em prol dos seus objetivos, por mais difíceis que sejam. Em contrapartida, o jogo da pobreza se joga quando o indivíduo sonda o que lhe dá prazer. Se você me perguntar se amo tudinho o que faço, a resposta é um sonoro "não". Porém, tudo o que eu faço, faço com amor e devoção. Por isso, digo que ser rico é fácil; difícil é achar alguém disposto a se preparar da maneira adequada para enriquecer.

Esta é a chave do sucesso: preparação adequada. É fácil correr uma meia maratona; difícil é se preparar para ela. Afinal, são treinos longos, de velocidade, em ladeiras, musculação etc. De igual forma, é fácil ser um empresário de sucesso; difícil é encontrar um empreendedor disposto a ler os livros necessários, fazer os cursos certos, buscar os mentores que apontem o dedo para sua cara e mostrem suas falhas. Seguindo o mesmo raciocínio, é fácil ter um corpo lindo e saudável. E, mais uma vez, difícil é achar alguém que esteja disposto a seguir uma dieta alimentar rigorosa, a malhar todos os dias na intensidade certa e a fazer treinos aeróbicos de alta intensidade.

Repito: seu sucesso acontece na mesma medida e qualidade da sua preparação. O que você está esperando?

CAPÍTULO 16

VITIMIZAÇÃO

Outro grande fator que impede o enriquecimento é crer que alguém será rico de verdade com uma fala de vitimização. Essa atitude é uma narrativa de pena de si mesmo que o coloca invariavelmente em uma posição de derrota e inferioridade. O vitimismo altera sua identidade e o coloca na vida com uma postura impotente e perdedora.

Por que tantas pessoas se colocam dessa maneira na estrada da vida? Bem, elas querem ser vistas, amadas e cuidadas e, para isso, acreditam que, se estiverem em uma situação de dor, conseguirão seu intento. Mas a verdade é que o vitimismo afasta as pessoas certas de você e, com elas, leva também as circunstâncias e os ambientes de vitória, conquista e crescimento. Fique atento: cada um atrai e vive as circunstâncias parecidas consigo. Vitoriosos atraem vitórias; perdedores atraem derrotas. E pessoas vitimadas atraem fracassos, dor, perdas e tudo o que estiver ligado a isso.

Muitos buscam crescer por meio de suas histórias de dor. Se você faz isso, pare imediatamente. Saiba que sua história de dor é justamente o que o fez sofrer, e não será ela que lhe dará a vitória. O que faz crescer de fato é o aprendizado que você teve com ela ou a partir dela. Então, pare de ficar contando e cantando em verso e prosa seu passado de sofrimento e pobreza. Cada vez que pensa nisso ou relata, você implanta em sua mente essa identidade limitada e sofrida.

O que você precisa contar para si e para todos ao seu redor são as estratégias que usou para superar as limitações do passado. Ainda assim, é preciso ficar alerta a quem contará essas histórias. Saiba que as únicas pessoas a darem atenção a esse tipo de relato são as que querem uma explicação ou justificativa para sua própria vida de pobreza. Quem quer prosperar não está focado no passado e nos problemas, e sim no futuro e na solução. Onde você focar sua atenção, energia e emoções é onde haverá crescimento em sua vida. Então, por você e por todos ao seu redor, fale apenas do que importa: o sucesso e como chegar lá.

Pense rápido: se não consegue mudar nem mesmo as suas palavras, como conseguiria mudar sua vida financeira?

Uma boa pergunta, não é mesmo? Nossa vida financeira é exatamente igual às nossas crenças, que são manifestadas e reforçadas por meio de palavras e pensamentos. E você sabe o que são as crenças? Elas são toda programação mental que rege nossos comportamentos, atitudes, hábitos e resultados de vida. Da mesma forma que o computador tem uma programação que rege suas funcionalidades, nós temos uma programação que norteia nossa vida, que diz quem somos. Assim, à medida que consegue falar coisas mais positivas, prósperas, verdadeiras, generosas e gratas, você naturalmente produz pensamentos mais fortes e prósperos. O resultado disso são pensamentos abundantes que se transformarão em memórias e reprogramarão suas crenças financeiras.

Este é o verdadeiro desafio da humanidade para ser feliz e próspera: mudar as crenças, e não apenas comportamentos e hábitos. A programação mental do que o indivíduo viveu e sedimentou em seu interior, principalmente desde o nascimento até os 12 anos, produz hábitos, atitudes, escolhas e resultados de vida conforme suas vivências do passado. São essas crenças que dizem, por exemplo, se serei capaz de produzir muito ou pouco, se minha produtividade será comprometida ou não. Nossas crenças se assemelham a uma lente que nos permite enxergar o mundo por meio de uma determinada perspectiva. Posso, aos olhos da sociedade, ter uma vida farta, rica e feliz, mas, se não me vejo dessa forma, não viverei assim.

Nossa missão, então, considerando que desejamos avançar rumo a um caminho de prosperidade, é reformulá-las. Para isso, desenvolvemos ferramentas e profundos conceitos que modificarão nossas crenças-base: **crenças de identidade, merecimento e capacidade**.

Exemplificando brevemente como as crenças trabalham na construção das narrativas, vamos imaginar uma mulher inteligente, gentil, com um currículo impressionante, bem-sucedida profissionalmente, bonita, educada e casada, mas que se relaciona com um cafajeste. Já viu ou conhece alguém que esteja nessa situação? Uma mulher ou um homem que, dotado de grandes talentos e capacidades, mantém uma relação abusiva com alguém que maltrata, explora ou subjuga? Já se perguntou por que isso acontece? Isso provavelmente ocorre pois, para além da aparência exterior, as crenças que possui são de não merecimento, de que não tem valor. E, por não enxergar valor em si, tende a se relacionar com alguém que também não percebe seu valor e o trata mal. E o que gera esse tipo de comportamento? As crenças.

A boa notícia é que todos nós podemos alterar essa realidade. Sim, é isso mesmo. Podemos mudar nossa realidade ao reprogramar nossas crenças e ajustar nossa narrativa para aquilo que queremos viver de verdade. É algo que a ciência explica. Estudos que abordam a neuroplasticidade cerebral demonstram exatamente a capacidade de nosso cérebro de reter, dominar e aperfeiçoar novos aprendizados, hábitos, condutas e crenças sobre quem somos, o que fazemos e o que merecemos. Em português mais claro, "pau que nasce torto não tem que morrer torto".

Eu discorro profundamente sobre isso no Método CIS, o maior treinamento de inteligência emocional do mundo, criado por mim, no qual abordo tecnicamente como usar as emoções certas, reprogramar crenças, conectar-se consigo mesmo e com os outros, além de obter o melhor de si e das outras pessoas.

Dentro de cada indivíduo existe uma versão extraordinária, próspera, que deseja crescer e contribuir, mas existem aqueles que têm limitações emocionais e de autoestima e precisam urgentemente corrigi-las e reprogramá-las. Eu sou um exemplo disso: consegui mudar alguns padrões, limitações emocionais, traumas e aprendizados disfuncionais sobre merecimento e riqueza, alguns de maneira bastante rápida. Por isso, amigo(a), gostaria de lhe repetir: **não dê aos seus desafios uma dimensão maior do que devem ter.**

Ao longo dos próximos dez dias, retorne a esta página e escreva as fichas que caíram durante e após a sua leitura. Este é um espaço livre para que você registre o início da transformação da sua mente.

CAPÍTULO 17

BUSCAR ATALHOS OU CAMINHOS FÁCEIS PARA A RIQUEZA

Todas as pessoas buscam valor, crescimento profissional, financeiro e qualidade de vida, mas poucas estão dispostas a fugir dos atalhos. Por isso, minha pergunta é: por onde você está indo? Pelo atalho ou pelo caminho? Vi muitas pessoas desperdiçando o melhor de suas vidas à procura ou à espera da grande jogada, acreditando que seu sucesso depende de algo externo.

Acredite: ganhar dinheiro não é a coisa mais difícil do mundo. Você pode assaltar um banco, roubar, tomar o que não é seu ou até ganhar por meios ilegais. Na verdade, difícil é ser verdadeiramente rico e feliz ao mesmo tempo. Conheço pessoas que destroem a própria vida para ganhar dinheiro, trabalhando até quinze horas por dia, abdicando filhos, família, saúde e até Deus. Essa atitude pode parecer correta no momento em que é realizada, mas, acredite, é com o passar do tempo que se torna perceptível que nenhum CNPJ vale um infarto.

É muito comum pessoas de todos os lugares e tipos chegarem a mim trazendo propostas de grandes negócios. Aquele negócio que me deixará infinitamente mais rico e para o qual, ainda por cima, não precisarei trabalhar. Logo recuso essas propostas supostamente maravilhosas, pois não acredito em caminho fácil ou sem curvas. Acredito que as pessoas têm a capacidade de construir um caminho seguro por meio do conhecimento, dos princípios e dos valores necessários para isso e para que não caiam em tentação.

Atualmente, a proposta mais comum que tem me chegado é para que eu participe de grupos de pirâmides em criptomoedas. E o mais absurdo é que me garantem uma lucratividade mensal enorme, independentemente da valorização ou desvalorização da moeda. Minha resposta é um sonoro **"não"**. Não quero essa parceria, não quero dinheiro fácil. Não quero nada duvidoso. Não quero nada potencialmente ilegal ou imoral. Quero construir minha riqueza em bases sólidas e seguras. Essa também deve ser a sua mentalidade, a de uma pessoa verdadeiramente rica e abundante, que construirá, manterá e aumentará sua riqueza ao longo do tempo.

Por isso, quero convidá-lo a não seguir a tentação de fazer coisas fáceis, rápidas, que furtem seus valores e princípios éticos e morais. Creio firmemente que somos um ser indivisível de três partes: corpo, mente e espírito, e o bom uso dessas três partes é fundamental para o sucesso, inclusive o financeiro. Muitas pessoas creem que o espiritual não existe ou que não é relevante no processo, mas, para mim, as certezas que aprendi e continuo aprendendo no meu lado espiritual se tornaram verdades absolutas na construção da minha riqueza monetária.

A seguir, quero compartilhar com você algumas das certezas bíblicas que diariamente me ajudam a construir e manter as minhas narrativas de sucesso, as quais diligentemente repito para mim mesmo. Agora é sua vez de se comprometer com a mudança. Acompanhe comigo:

1. Sou herdeiro de Deus;
2. Sou filho do Deus vivo;
3. Tudo posso naquele que me fortalece;
4. Sou a imagem e semelhança de Deus;
5. Eu já venci pelo sangue do cordeiro;
6. Se Deus é por mim, quem será contra?;
7. Eu que sou fiel a Deus serei ricamente abençoado;
8. Jesus veio para me dar vida e vida em abundância;
9. Deus me presenteia com riquezas e me capacita a desfrutar de tudo isso;
10. Deus tem planos de me fazer prosperar, planos de esperança e de um futuro extraordinário.

De acordo com um estudo conduzido pela pesquisadora Phillippa Lally, do University College of London, em 2009,[5]

---

5 LALLY, P.; VAN JAARSVELD, C. H. M.; POTTS, H. W. W.; WARDLE, J. How Are Habits Formed: Modelling Habit Formation in the Real World. **European Journal of Social Psychology**, [S.L.], v. 40, n. 6, p. 998-1009, 16 jul. 2009. Wiley. Disponível em: http://dx.doi.org/10.1002/ejsp.674. Acesso em: 31 jul. 2023.

são necessários, pelo menos, 66 dias de repetição para que um hábito seja instalado no cérebro. Por isso, convoco-o a, nos próximos 66 dias, repetir cada uma dessas afirmações dez vezes por dia até que elas se tornem realidade na sua vida. Você está comigo nessa?

Amigo(a), lembre-se de que o que nós fazemos hoje pode não fazer sentido no presente, mas torna-se claro ao longo do tempo. A soma das minhas decisões grita quem eu sou, e quem eu sou não é quem eu *quero* ser, mas de fato o que eu *faço*. Por isso, faça o melhor, porque ao longo do caminho você carregará uma bandeira de quem você é, e quem determina essa bandeira é você. E, depois, é impossível escondê-la, pois as pessoas sabem quem você é; sabem se devem ou não o contratar; se devem ou não o promover; sabem se devem namorar ou casar com você; se devem ter um filho com você, se devem estar perto de você. E repito: os iguais se atraem, pessoas de bandeiras semelhantes se atraem. A pergunta é: qual bandeira o fará chegar em algum lugar?

Quem quer prosperar não está focado no passado e nos problemas, e sim no futuro e na solução.

PARTE 5

SUA MENTE COMO ACELERADOR DO UPGRADE

CAPÍTULO 18

CRESCER E CONTRIBUIR

Ser altruísta, ajudando a todos e esquecendo-se de si mesmo é tão prejudicial e doentio quanto pensar somente em si e não ajudar ninguém. A sabedoria da abundância financeira está em crescer e contribuir. Ou seja: fazer tudo o que estiver ao seu alcance para prosperar e abundar em sua própria vida e, ao mesmo tempo, estar atento e fazer tudo o que puder para ajudar e acudir ao próximo, seja ele quem for. Por isso, preste atenção à mais preciosa de todas as regras de enriquecimento: crescer e contribuir simultaneamente. Essa é a verdadeira e única forma de transbordar na vida de alguém.

Uma vez, ouvi um presidente do Brasil dizer que até a pobreza na paradisíaca ilha caribenha de Cuba era bem distribuída. Isso me deixou pensativo, pois ele fingia não saber que lá a fome e a falta de saneamento básico, de saúde básica e de empregos produzem uma grande miséria generalizada. Afinal, quando divido uma unidade de qualquer coisa para dois indivíduos, o que resta é meio. Meio prato de comida, meio tratamento de saúde, meia blusa e assim por diante. Na prática, quando divido um prato de comida para dois o que resta não é mais a pobreza, e sim a miséria. Porém, algumas coisas podem ser divididas sem que todos percam: a abundância, o crescimento, a prosperidade. Então, se quiser ajudar a sociedade e os menos favorecidos, você precisará gerar mais riqueza. Isso parece bastante óbvio, não? E como você aprendeu aqui, isso só acontece de duas maneiras: ou você empreende um negócio ou trabalha no negócio de outra pessoa.

Crescer e contribuir são dois pilares essenciais que nos conduzem em direção ao sucesso não só financeiro, mas pleno em todas as áreas de nossas vidas. Esses dois elementos precisam estar intrinsecamente ligados se você quiser alcançar a abundância. Crescer é um processo contínuo de aprendizado e evolução; é o compromisso de se tornar cada vez melhor naquilo que você faz, desenvolvendo as habilidades necessárias para esse objetivo. No entanto, o crescimento é mais efetivo e frutífero quando se contribui de maneira positiva para as pessoas ao seu redor. Quando contribui, você aplica seus talentos, habilidades e recursos para fazer a diferença na vida das pessoas, nas comunidades e no ambiente em que vivemos. **É quando crescemos e contribuímos que encontramos um propósito maior e experimentamos uma sensação profunda de significado e satisfação.** E não estou falando isso da boca para fora, pois há mais de vinte anos venho aplicando essa premissa nas minhas finanças e na minha vida, alcançando lugares que nunca pensei em pisar, desfrutando de experiências que eram uma distante realidade.

Deixe-me explicar mais sobre como crescer e contribuir vai mudar a sua vida para sempre, agora focando especificamente sua riqueza. Certa pessoa está decidida que, para crescer financeiramente, precisa investir em si mesma e expandir seus conhecimentos e habilidades. Ela se compromete em aprender sobre finanças pessoais, investimentos e empreendedorismo, buscando cursos, livros e mentorias que possam ajudá-la nessa jornada de crescimento. Ela também desenvolve um plano para melhorar suas habilidades de negociação, comunicação e liderança, reconhecendo que essas competências são fundamentais para criar oportunidades e abrir portas para a riqueza. Conhece alguém assim?

Ao mesmo tempo, porém, essa pessoa entende que o crescimento financeiro não deve ser apenas sobre acumular riqueza pessoal, mas também sobre contribuir para o bem-estar dos outros e para a sociedade como um todo. Ela decide utilizar seu crescimento e conhecimento financeiro para ajudar os outros a também alcançar seus objetivos financeiros e a superar suas dificuldades. Ela pode fazer isso oferecendo aconselhamento financeiro, compartilhando suas experiências e aprendizados ou até mesmo ensinando educação financeira em sua comunidade.

Não satisfeita, ela vai além, pois considera a possibilidade de criar um negócio que não apenas gere riqueza para si mesma como também beneficie outras pessoas. Ela busca identificar uma oportunidade para empreender que possa resolver problemas ou atender às necessidades das pessoas, ao mesmo tempo que gera lucro. Dessa forma, utiliza seu crescimento para construir um empreendimento sustentável que traga benefícios para a sociedade e contribua para a prosperidade de todos. E, assim, à medida que ela continua crescendo e contribuindo, ela também mantém o foco na criação de riqueza pessoal através de investimentos inteligentes, diversificando sua carteira, buscando oportunidades de renda passiva e utilizando seu conhecimento para tomar decisões financeiras sólidas. Com o tempo, ela alcança a riqueza financeira que buscava, mas o verdadeiro sucesso está na satisfação de saber que também ajudou outras pessoas ao longo de sua jornada.

Quero lhe mostrar nesse exemplo que crescer e contribuir é como uma espiral de boa esperança que pode ser aplicada na busca por riqueza financeira. Ao investir em si mesma, desenvolver habilidades e conhecimentos financeiros e, ao mesmo tempo, contribuir para o bem-estar dos outros, a pessoa cria um círculo virtuoso que impulsiona seu crescimento e sua contribuição contínuos. Assim, alcança-se a riqueza financeira com propósito e gratidão, sabendo que o sucesso está não apenas no acúmulo de riqueza, mas também na capacidade de impactar positivamente a vida das pessoas que estão em seu ecossistema, e em outros também. Por isso, seja como for: dê o seu melhor e, invariavelmente, você prosperará e fará outras pessoas também prosperarem.

O sucesso está não apenas no acúmulo de riqueza, mas também na capacidade de impactar positivamente a vida das pessoas que estão em seu ecossistema e em outros também.

CAPÍTULO 19

PALAVRAS

As palavras que saem de sua boca são determinantes para que você se torne rico e se mantenha rico para sempre. Frases como "não posso", "não consigo", "tudo é difícil para mim", "dinheiro é sujo", "os ricos são maus" e "Jesus era pobre" ilustram bem o que estou querendo dizer. Quanto mais você repetir frases assim, mais se afastará de sua independência financeira e viverá as consequências de suas próprias palavras.

A partir de hoje, tenha a consciência de que tudo o que sai da sua boca tem o poder de abençoar ou amaldiçoar; por isso, escolha bem as suas palavras, e que elas sejam para edificar tanto a si mesmo quanto ao seu próximo. Isso só depende de você!

Está na hora de criar um repertório de falas poderosas na área financeira. A seguir, convido-o a escrever uma profecia financeira.

A profecia é uma ferramenta poderosa que, combinada com a visão positiva de futuro, mudará ainda mais rápido a sua realidade. Então abra a boca e profetize sua visão de futuro com riqueza de detalhes, dizendo: "Eu vejo meu casamento feliz, cheio de amor e honra. Vejo meu marido/ minha esposa me amando, me beijando, confiando em mim. Vejo nós dois sorrindo um para o outro e sonhando juntos com nossos filhos felizes..." ou "Vejo minha empresa faturando **x** mil reais por mês, vejo a nova sede com **x** metros quadrados, vejo meu time trabalhando feliz e produzindo muito. Vejo minha empresa crescendo 20% ao mês, com cinco novas filiais nas cidades x, y, z...".

Profetize dessa maneira sobre sua saúde, suas emoções, seus negócios, relacionamentos e profetize na vida das pessoas que ama e em tudo o mais que o poder que há em você pode transformar.

___

___

___

___

___

___

___

___

___

___

A soma das minhas decisões grita quem eu sou, e quem eu sou não é quem eu quero ser, mas de fato o que eu *faço*.

CAPÍTULO 20

ESCASSEZ × ABUNDÂNCIA

A riqueza e a plenitude se estabelecem na mentalidade de abundância; já a pobreza e o sofrimento, na de escassez. A maior de todas as mentiras dessa mentalidade é que são os ricos que tornam muitas pessoas pobres. A verdade é que são os ricos que geram empregos, que se arriscam, empreendem e criam empresas que mudam o mundo. São eles que pagam um preço alto para realizar seus sonhos e, com esses sonhos, as soluções capazes de mudar o mundo definitivamente. Admire, honre e respeite as pessoas que prosperaram trazendo soluções e empregos para a sociedade.

Exemplos desses homens e mulheres não faltam: Santos Dumont, que, com seus recursos financeiros, criou o avião e mudou o mundo; Henry Ford, que veio do "nada" e, munido apenas de um sonho, criou o automóvel e mudou o mundo. Isso sem contar aqueles que criaram as linhas férreas, o motor a diesel, a energia elétrica etc. Distâncias foram encurtadas, soluções foram geradas.

Nossa mente se afasta de tudo aquilo que ela reprova. Se você odeia aqueles que são ricos e bem-sucedidos, sua mente dará um jeito de afastá-lo do progresso e da riqueza. Pessoas que cobiçam o que os outros têm, invejam o sucesso alheio, barganham além do que é justo, trapaceiam, tiram vantagem sobre outros, mentem, prometem e não cumprem, que vendem e não entregam o que venderam são pessoas escassas e doentes. Elas acreditam que, nas relações humanas, uma das partes deve ganhar e a outra, perder. Enquanto acreditar nisso, você sempre será alguém de espírito pobre e não viverá a verdadeira riqueza. Aos poucos se afastará da abundância e se aproximará da miséria.

Pessoas que conquistaram sucesso e riqueza superando a mentalidade da escassez pagaram um preço alto na própria vida e na vida de sua família, ou sua abundância durou pouco. Se realmente quiser ser rico, terá de olhar para o mundo ao redor como uma fonte inesgotável e acessível de riquezas. Você precisa entender que uma boa ideia posta em prática pode virar uma startup avaliada em bilhões de reais. Ou que uma pessoa simples, como um caminhoneiro do interior do Nordeste do Brasil, pode montar uma das maiores redes de supermercados do país.

Quanto mais você for contagiado pela mentalidade de abundância, mais enxergará os exemplos, como o de um simples vendedor do interior de Santa Catarina que, em poucos anos, montou o maior magazine do Brasil, com vendas anuais superiores a 16 bilhões de dólares, dando empregos a mais de 22 mil funcionários que trabalham felizes, pois ajudarão suas famílias com essa oportunidade.

Quem tem uma mente abundante e acredita que há mais do que o suficiente para todos está na fila para realizar desejos e sonhos ousados. Basta ter uma imagem mental clara e específica do que de fato deseja. Quando isso acontecer, você testemunhará acontecimentos sobrenaturais de abundância para si.

É muitíssimo errado acreditar que o sofrimento é necessário para se evoluir. Você acha mesmo que Deus quer vê-lo afligido para se tornar uma pessoa melhor? Ou será que o seu sofrimento vem em decorrência de suas ações ou omissões, do que você sabe e do que não sabe? No meu entendimento, duas passagens da Bíblia já são o suficiente para entendermos esse tema. A primeira está em 1 Coríntios 6:20: "Vocês foram comprados por alto preço. Portanto, glorifiquem a Deus com o corpo de vocês". E a outra está em João 10:10: "Eu vim para que tenham vida, e a tenham plenamente".

Agora, escreva aqui quais serão suas próximas ações para sair da mentalidade da escassez para a mentalidade da abundância.

Exemplo: sempre que eu tiver um pensamento de escassez, imediatamente vou substituí-lo por um pensamento de abundância. Assim, se eu pensar: "O que estou fazendo aqui? Esse ambiente não é para mim", vou substituir por: "Nossa, que ambiente bacana com pessoas tão sensacionais. É uma excelente oportunidade para eu aprender como aplicar a metodologia deles na minha vida".

Agora escreva seus pensamentos de abundância:

____

____

Quem tem uma mente abundante e acredita que há mais do que o suficiente para todos está na fila para realizar desejos e sonhos ousados.

PARTE 6

PRINCÍPIOS SOBRENATURAIS DE RIQUEZA

CAPÍTULO 21

MULTIDÃO DE CONSELHEIROS

Sempre me perguntam como consigo manter um negócio que dobra de tamanho todos os anos ou como mantenho uma empresa multinacional e ainda consigo ter uma vida sistêmica diariamente. A resposta está em ter as pessoas certas ao meu lado, em ter uma multidão de conselheiros preparados para me direcionar naquilo que não domino completamente ou ainda estou desenvolvendo. Essa multidão de conselheiros é um dos primeiros princípios para a criação de riqueza que você deve aprender, pois é um conceito poderoso que nos convida a aproveitar a sabedoria coletiva disponível ao nosso redor.

Ter uma multidão de conselheiros significa que, em vez de depender exclusivamente do nosso próprio conhecimento e experiência, podemos buscar conselhos e orientações de diversas fontes para alcançar o sucesso em nossa vida pessoal e profissional. Imagine o tamanho da surpresa de empresários que me conhecem há pouco tempo, ou até mesmo amigos de longa data, quando eu digo que sou apenas uma peça nessa engrenagem enorme que é a Febracis, e que sem os meus conselheiros não teríamos chegado tão longe e com prospectos de um futuro tão próspero pela frente.

Somente com os maiores especialistas ao meu lado sinto a confiança de fazer tudo o que faço diariamente. Isso me aproxima cada vez mais da minha vitória e honra todos aqueles que fazem um trabalho magnífico ao meu lado. Faça outras estrelas brilharem e, assim, forme uma constelação de sucesso.

Todos aqueles que, assim como eu, ficaram ricos do zero têm uma multidão de conselheiros porque entendem que várias mentes preparadas pensando juntas chegam a decisões melhores. Mas é necessário buscar os conselheiros certos, pessoas que tenham conhecimento, experiência e resultados que mostrem que eles são capazes de ajudá-lo a crescer. Quando nossa cabeça está alinhada com o princípio de crescer e contribuir, a multidão de conselheiros não apenas enriquece a nós mesmos como também contribui para o crescimento e o desenvolvimento do grupo e de suas famílias, criando uma teia de riqueza sem fim.

Por que considero esse um princípio sobrenatural? Pois Deus já apontava aos hebreus, em seus Provérbios, como ter as pessoas certas ao lado tem a capacidade de mudar vidas: “Sem diretrizes a nação cai; o que a salva é ter muitos conselheiros" (Provérbios 11:14). Dito isso, permita-me lhe dar um exemplo bastante tangível sobre esse assunto.

Você deseja alcançar a riqueza, e não só a financeira, certo? Mas digamos que seu foco neste momento é tornar-se mais rico todos os dias. Para isso, é necessário fazer o dinheiro trabalhar por si, ou seja, investir. Então, primeiro, aproxime-se de um amigo que é um investidor experiente. Marque uma reunião e compartilhe seu objetivo de construir riqueza. O seu amigo vai oferecer insights valiosos sobre diferentes opções de investimento, como ações, imóveis e fundos de investimento. Ele também compartilhará a própria experiência e fornecerá conselhos sobre como iniciar, diversificar e gerenciar uma carteira de investimentos.

Mas você não para por aí, pois quer buscar aconselhamento de um consultor financeiro certificado. Agenda uma consulta com o consultor, compartilha suas metas financeiras e busca orientação sobre a melhor abordagem para alcançá-las. O consultor analisa sua situação financeira atual, avalia seu perfil de risco e recomenda um plano personalizado de investimentos, levando em consideração seus objetivos de riqueza a longo prazo. Motivado a buscar ainda mais conselhos, você decide participar de grupos de investidores e fóruns on-line, compartilhando suas metas e buscando conselhos de pessoas que têm experiência em investimentos bem-sucedidos. Diversos investidores compartilham suas estratégias, discutem tendências do mercado e oferecem conselhos sobre como tomar decisões inteligentes de investimento.

O mergulho em livros, blogs e podcasts sobre educação financeira e investimentos também passa a ser uma rotina em seu dia a dia, já que seu ecossistema está cada vez mais adequado para construir riqueza. Você busca conhecimentos sobre diferentes classes de ativos, estratégias de gestão de risco e métodos de criação de riqueza. Por meio dessas fontes de informação, adquire conhecimentos valiosos que ajudam a fortalecer sua compreensão dos mercados financeiros e a tomar decisões mais informadas. E, então, após reunir os conselhos do amigo investidor, do consultor financeiro, dos grupos de investidores e as informações dos materiais educacionais, começa a avaliar as opções disponíveis e seleciona uma estratégia de investimento diversificada, que inclui ações de empresas sólidas, investimentos imobiliários e uma alocação em fundos de investimento gerenciados por profissionais.

Com o passar do tempo, você observa seu patrimônio crescer e sua riqueza aumentar de modo consistente, graças à multidão de conselheiros que permitiu que você tomasse decisões de investimento mais embasadas, aproveitando a sabedoria coletiva de pessoas experientes e conteúdo de alta qualidade disponível no mercado.

Com esse exemplo, eu quero lhe mostrar que contar com uma multidão de conselheiros é fundamental para a busca da riqueza financeira. Os insights valiosos proporcionados por pessoas que também querem o nosso sucesso nos preparam para o crescimento de nosso patrimônio e a conquista da independência financeira.

Agora, vamos pôr em prática esse conceito. Para isso, identifique um desafio ou dilema em sua vida pessoal ou profissional que você gostaria de abordar com a ajuda de uma multidão de conselheiros. Responda às perguntas a seguir, buscando diferentes perspectivas e opiniões. Consulte amigos, familiares, colegas, especialistas, livros, artigos, entre outros recursos.

1. Quem são as pessoas em sua vida que têm conhecimentos ou experiências relevantes para ajudá-lo com esse desafio?

____

____

____

____

____

____

____

____

____

____

____

2. Que conselhos ou insights essas pessoas já compartilharam com você sobre esse assunto? Escreva ao menos dois.

____

____

____

____

3. Existem especialistas ou profissionais renomados que você poderia consultar para obter orientações adicionais? Escreva ao menos três.

---

4. Quais recursos, como livros, artigos ou vídeos, você poderia explorar para obter mais conhecimento sobre esse desafio? Escreva ao menos três.

---

5. A quais grupos ou comunidades on-line você poderia se juntar para obter diferentes perspectivas e compartilhar seu dilema? Escreva ao menos dois.

---

6. Que perguntas específicas você pode fazer aos seus conselheiros em potencial para obter insights relevantes sobre seu desafio? Escreva ao menos duas.

7. Que atitudes podem ajudar você a aplicar os conselhos recebidos? Escreva ao menos três.

8. Além de buscar conselhos externos, que estratégias você pode utilizar para pôr sua própria intuição e sabedoria interna em jogo para tomar decisões nesse desafio? Escreva ao menos duas.

9. Como você pode contribuir com a multidão de conselheiros de outras pessoas, compartilhando suas próprias experiências e conhecimentos relevantes? Escreva ao menos duas estratégias.

____

____

____

____

10. Após o exercício, quais fichas caem? E quais decisões você toma a partir de hoje?

____

____

____

____

____

____

Após responder às perguntas, reflita sobre as diversas perspectivas e insights que você recebeu. Analise as informações e considere como elas se alinham aos seus valores, objetivos e circunstâncias pessoais. A partir daí, recomendo que construa um plano de ação baseado nas orientações recebidas e em sua própria sabedoria interna. **Tem poder quem age!**

Faça outras estrelas brilharem e, assim, forme uma constelação de sucesso.

CAPÍTULO 22

NADA QUEBRADO, NADA FALTANDO, NADA FORA DO LUGAR

Você já teve a sensação de que sua vida não saía do lugar? Em algum momento, já se perguntou por que, não importava o quanto desejasse ou se esforçasse, suas metas continuavam longe de serem atingidas?

Essa sensação também acontece dentro do vasto campo das finanças. É comum nos depararmos com momentos em que nossa vida financeira parece estagnada, como se estivéssemos presos em um ciclo interminável de dificuldades e obstáculos. Esse sentimento de estagnação pode ser frustrante e levar a questionamentos sobre as razões pelas quais nossas metas financeiras continuam distantes, independentemente de nossos desejos fervorosos e dos esforços que dedicamos para alcançá-las.

O que torna esse cenário ainda mais intrigante é a sensação de não saber exatamente onde estamos financeiramente, ou seja, nosso estado atual. Muitas vezes, nos encontramos em uma encruzilhada na qual as escolhas que fazemos podem levar a diferentes direções e resultados. No entanto, como você viu ao longo deste livro, se não temos clareza sobre nossa situação financeira atual e uma visão e objetivos claros para o futuro, corremos o risco de nos perder.

Ter saúde financeira é uma peça fundamental no quebra-cabeça da vida. Assim como cada elemento precisa estar no lugar certo e sem falhas para completar a imagem, nossas finanças também desempenham um papel crucial na harmonia geral. Uma única falha ou lacuna financeira é capaz de desequilibrar todas as áreas da vida, afetando nossa saúde emocional, gerando estresse, dívidas desnecessárias e limitações para alcançar objetivos pessoais e profissionais.

Cada aspecto da nossa vida financeira, por menor que possa parecer, desempenha um papel essencial. Desde nossos hábitos de consumo e controle de gastos até nossos investimentos e planejamento para o futuro, todas as peças são importantes para que o quebra-cabeça das nossas finanças se encaixe perfeitamente.

NOSSAS CRENÇAS LIMITANTES E PADRÕES DE COMPORTAMENTO PODEM PREJUDICAR NOSSO PROGRESSO FINANCEIRO

Frequentemente, somos nossos piores adversários quando se trata de questões financeiras. Crenças limitantes, como acreditar que não somos capazes de alcançar a prosperidade ou que o dinheiro é fonte de problemas, tendem a sabotar nossos esforços e criar obstáculos para o sucesso. Essas palavras desordenadas e inadequadas em nossos pensamentos minam nossa trajetória e impedem que alcancemos todo o nosso potencial.

Questionar nossas crenças faz com que identifiquemos as partes fragmentadas de nosso quebra-cabeça financeiro. Além disso, é importante analisar os padrões de comportamento que podem estar desajustados em relação às nossas finanças. Hábitos de consumo excessivo, falta de disciplina na gestão dos gastos ou procrastinação em relação a investimentos e planejamento são exemplos de peças faltando e fora do lugar nesse grande e importante quebra-cabeça. Identificar esses comportamentos disfuncionais e buscar soluções adequadas é essencial para construir uma base financeira sólida.

Completar esse quebra-cabeça requer uma análise abrangente de todas as áreas, internas e externas, para construir um cenário próspero e equilibrado. Ao trazermos à tona essas peças quebradas, faltando ou fora do lugar, reconhecemos que o cuidado emocional e o autodesenvolvimento são partes intrínsecas de uma abordagem holística para alcançar o sucesso financeiro.

AMBIENTES ERRADOS TRAZEM CONSEQUÊNCIAS DESASTROSAS

Em 1946, a Marinha argentina levou um pequeno grupo de castores canadenses para a Patagônia, com o objetivo de criar uma nova fonte de renda para a indústria de peles do país. No entanto, esses animais não possuíam predadores naturais na região e não encontraram competição por recursos alimentares, o que permitiu que se multiplicassem de maneira descontrolada.

Em pouco mais de setenta anos, os castores causaram danos significativos ao ecossistema local, construindo represas e barragens que afetaram o fluxo de água e o crescimento das árvores, destruindo uma área de bosques equivalente a quase duas vezes o tamanho da cidade de Buenos Aires. Essa introdução desenfreada dos castores na Patagônia tornou-se um problema ambiental e econômico para a região. Desde então, foram tomadas várias medidas para controlar a população desses animais.

Esse fato nos mostra que, quando estamos fora do nosso habitat natural, mesmo que estejamos fazendo o que é correto ou de acordo com nossa natureza, as consequências podem ser desastrosas.

Quando não estamos nos lugares certos, seja física, mental ou emocionalmente, as consequências podem ser igualmente desafiadoras. A analogia dos castores nos lembra que estar nos lugares certos, ao lado das pessoas certas e com o conhecimento adequado, nos conecta a uma vida extraordinária.

Da mesma forma, em nossa vida financeira, é essencial estarmos nos lugares certos, em sintonia com nossa própria natureza e propósito. Isso significa tomar decisões alinhadas aos nossos valores, estabelecer metas claras e ter conhecimento sobre como gerir nossos recursos de maneira eficiente. Quando fazemos escolhas conscientes e agimos de acordo com nossa verdadeira essência, evitamos o caos financeiro e construímos uma base sólida para alcançar uma vida financeiramente próspera.

ACREDITE: OS LUGARES CERTOS, AS PESSOAS CERTAS E O CONHECIMENTO CERTO CONECTARÃO VOCÊ A UMA VIDA EXTRAORDINÁRIA

Quando estamos em um ambiente desfavorável, nossos esforços são prejudicados e nossas metas financeiras podem parecer inalcançáveis. Da mesma forma, se não tivermos o apoio necessário das pessoas ao nosso redor, será difícil manter a motivação e superar os obstáculos que surgem no caminho.

Nesse sentido, é importante buscar um ambiente favorável e rodear-se de pessoas que compartilham dos mesmos objetivos financeiros. Participar de grupos de apoio, buscar mentoria financeira ou mesmo criar uma rede de contatos profissionais pode oferecer suporte e incentivo para superar as dificuldades e alcançar o sucesso.

É essencial avaliar o estado do ambiente em que nos encontramos. Assim como uma casa em ordem reflete uma organização financeira saudável, a observação de detalhes como móveis, utensílios e manutenção nos dão pistas sobre como estamos administrando nossos recursos.

Uma lâmpada queimada, uma torneira gotejando e uma geladeira antiga, por exemplo, representam desperdício de energia e recursos financeiros. Da mesma forma, uma cadeira com o pé quebrado ou uma panela desgastada indicam a necessidade de substituição ou reparo, refletindo decisões financeiras negligenciadas.

Ao analisarmos esses aspectos, identificamos oportunidades de melhorias em nossa gestão financeira. A partir da conscientização sobre o estado físico e organizacional dos nossos pertences, refletimos sobre nossos padrões de consumo e identificamos áreas em que podemos fazer ajustes financeiros. Ao fazermos escolhas conscientes sobre o que comprar, utilizar e manter, otimizamos recursos e garantimos que cada item esteja no lugar certo, em harmonia com nossos objetivos.

O CAOS FAMILIAR PODE SER PROVOCADO PELA FALTA DE GESTÃO NAS FINANÇAS

É importante reconhecer a influência que o aspecto financeiro tem em nossos relacionamentos. A escassez financeira constante acarreta tensões e frustrações, criando barreiras para a realização de sonhos compartilhados em família. É necessário questionar até quando estaremos dispostos a viver com essas limitações. Quando chegará o momento em que não precisaremos mais dar desculpas aos nossos entes queridos por não termos recursos financeiros para realizar seus sonhos mais simples?

A atenção aos relacionamentos pessoais e a busca por uma situação financeira saudável estão intrinsecamente ligadas. Cuidar das finanças não é apenas uma questão individual, mas também uma forma de nutrir e fortalecer os laços familiares. Ao equilibrarmos o aspecto financeiro com o cuidado e a dedicação aos relacionamentos, criamos um ambiente propício para o crescimento e a felicidade em todas as áreas de nossas vidas.

TEORIA DAS JANELAS QUEBRADAS

A teoria das janelas quebradas é uma metáfora usada para descrever o efeito do ambiente físico desorganizado e negligenciado em uma comunidade ou espaço urbano. Ela sugere que, se uma janela quebrada em um prédio não for reparada imediatamente, pode haver um aumento da criminalidade e da desordem na área.[6]

Ao corrigir pequenos problemas, como janelas quebradas, pintura descascada ou lixo acumulado, é possível prevenir o aumento da desordem e do crime, promovendo um senso de segurança e responsabilidade na comunidade.

Essa teoria também pode ser aplicada em nossa vida pessoal. Quando negligenciamos os pequenos detalhes em nossas finanças, como controlar gastos, evitar dívidas desnecessárias ou não fazer uma boa gestão de nosso patrimônio, estamos permitindo que "janelas quebradas" se acumulem em nossa vida financeira. Isso pode levar a um desequilíbrio e a consequências negativas a longo prazo.

Lembre-se: **um abismo chama outro abismo** (Salmos 42:7).

---

6 A teoria das janelas quebradas, primeiramente estudada pelo psicólogo da Universidade de Stanford Phillip Zimbardo, e desenvolvida pelo professor de Ciência Política em Harvard James Q. Wilson e o pesquisador George L. Kelling, também de Harvard, em 1982, sustenta que indicadores visíveis de desordem, como vandalismo e janelas quebradas, podem convidar a atividades criminosas e, por isso, devem ser eliminados. Essa forma de policiamento foi fortemente aplicada em meados da década de 1990 pelo prefeito da cidade de Nova York, Rudy Giuliani, e em Albuquerque, no Novo México; em Lowell, no Massachusetts; e na Holanda. Embora pesquisa inicial tenha se mostrado promissora, atualmente, alguns estudiosos apontam que não há uma relação causal clara entre a falta de ordem e o crime. Porém, aqui usamos a teoria por concordar com as conclusões iniciais de que o caos iniciado é capaz de gerar ainda mais caos, caso não seja interrompido de modo contundente.

CONSEQUÊNCIAS DA FALTA DE *SHALOM* NA VIDA FINANCEIRA

Quando nos contentamos com a mediocridade em diferentes áreas da vida, incluindo o trabalho e os relacionamentos familiares, estamos abrindo espaço para a falta de paz e harmonia.

Ao nos acomodarmos com a mediocridade, seja no trabalho ou na gestão de recursos financeiros, limitamos nosso potencial e o impacto que podemos ter. A falta de comprometimento em buscar constantemente o crescimento pessoal e profissional nos leva a conformar-nos com a média, sem buscar romper os limites estabelecidos.

Isso tem implicações financeiras significativas. Podemos alcançar certo sucesso financeiro, mas sem assumir a responsabilidade adequada sobre aquilo que nos é confiado. Essa falta de responsabilidade vai de encontro ao princípio da mordomia, que nos chama a zelar por tudo aquilo que nos é dado, incluindo nossos recursos financeiros.

A mordomia é um princípio fundamental que nos lembra da nossa responsabilidade de cuidar e administrar sabiamente os recursos que nos são confiados. Isso envolve não apenas a questão financeira, como também nossas habilidades, talentos, relacionamentos e tempo. Quando negligenciamos essa responsabilidade, perdemos a oportunidade de crescer, prosperar e impactar positivamente o mundo ao nosso redor.

A falta de paz financeira e a sensação de desordem podem se instalar em nossa vida. O dinheiro se torna escasso, e as emoções sofrem com a falta de uma gestão adequada. Isso cria um desalinhamento em todas as áreas, inclusive a financeira.

Aceitar e se acostumar com coisas quebradas, faltando e fora do lugar autoriza o caos a se instalar em nossa vida. Consequentemente, a falta de paz e a ausência dos princípios fundamentais nos levam a viver uma vida medíocre.

VIDA ABUNDANTE

Na busca por realização pessoal e plenitude, muitos de nós anseiam por uma vida verdadeiramente abundante. Mas qual é a diferença entre aqueles que alcançam essa abundância e aqueles que parecem sempre ficar aquém dela?

Em primeiro lugar, é crucial compreender que uma vida abundante vai muito além de simplesmente acumular riquezas materiais ou colecionar uma lista interminável de conquistas. Essa visão restrita negligencia a essência do que significa viver em plenitude. Uma vida abundante é um equilíbrio harmonioso entre várias áreas essenciais, como relacionamentos, saúde, carreira, emoções e propósito.

Dentro desse contexto organizado, percebemos que a abundância não é uma questão de acaso ou sorte, mas o resultado de um conjunto de atitudes, mentalidades e ações conscientes que nos permitem cultivar uma vida plena em todas as áreas. Nesse sentido, é importante destacar alguns elementos fundamentais.

O primeiro ponto-chave é a disposição para agir. As pessoas que alcançam uma vida abundante não ficam paralisadas pela incerteza ou pela falta de conhecimento. Mesmo diante de desafios ou da ausência de respostas claras, elas se movem em direção ao que desejam, experimentando, aprendendo e ajustando o curso ao longo do caminho. É a coragem de dar os primeiros passos e a determinação para perseverar que as levam em direção à abundância.

Outro aspecto essencial é o desenvolvimento da consciência. Ao compreendermos nossos próprios padrões, crenças limitantes e comportamentos autossabotadores, temos a capacidade de transformar e transcender nossas limitações. A consciência nos permite reconhecer o que nos impede de avançar e nos orienta na direção de mudanças positivas e construtivas. Quando cultivamos essa consciência, abrimos portas para o crescimento pessoal e para o alinhamento com nossa verdadeira essência.

Estudar e se espelhar em pessoas que alcançaram sucesso em diversas áreas da vida nos proporciona insights valiosos e estratégias eficazes. Quando aprendemos com aqueles que já trilharam caminhos de abundância, somos inspirados a elevar nossos próprios padrões e a buscar constantemente o conhecimento necessário para nossa jornada pessoal. Por meio da busca incansável pelo conhecimento e da aplicação desses ensinamentos, podemos conquistar resultados notáveis em nossas vidas.

Outro elemento fundamental para a vida abundante é a gratidão. Ao apreciarmos e valorizarmos o que já temos, criamos uma atmosfera propícia para atrair mais abundância. Cultivar uma mentalidade de gratidão amplia nossa percepção das oportunidades e recursos disponíveis, abrindo espaço para a manifestação de novas possibilidades em todas as áreas.

À medida que exploramos esses elementos e os integramos em nossa jornada, descobrimos que a vida abundante não é apenas uma miragem distante, mas uma realidade tangível. Ela está ao nosso alcance, esperando por nós para abraçá-la com coragem, consciência, aprendizado constante e gratidão. A verdadeira abundância aguarda aqueles que ousam buscar, abraçar e viver plenamente tudo o que a vida tem a oferecer.

JESUS DISSE: "EU VIM PARA QUE TENHAM VIDA, E A TENHAM PLENAMENTE" (JOÃO 10:10)

A afirmação de Jesus, registrada em João 10:10, revela sua vontade de que tenhamos uma vida plena e abundante. Ao refletirmos sobre essa frase, surge a pergunta: *será que realmente acreditamos que merecemos uma vida abundante em todas as suas dimensões?*

De acordo com a essência do propósito divino, fomos criados para desfrutar de uma vida exuberante, abundante e plena. Quando encontramos partes de nossa vida quebradas, faltando ou fora do lugar, precisamos compreender que isso não está presente no plano de Deus para nós. Ele nos projetou para realizarmos boas obras e experimentarmos a abundância, mas as armadilhas da maldade tentam nos desviar desse propósito, levando-nos a viver em um caos que nos impede de aproveitar plenamente aquilo para o qual nascemos.

Ao nos depararmos com uma vida financeira quebrada, é importante reconhecer que, em algum momento, rompemos com as regras estabelecidas para a gestão adequada de nossos recursos. O caos financeiro pode se instalar e, muitas vezes, não percebemos seus sinais. Quando começamos a considerar normal ter dívidas, ter o nome negativado, recorrer a empréstimos sem honrá-los, viver em constante escassez financeira, não ter recursos para investir, poupar ou contribuir, estamos nos distanciando do caminho para a vida abundante que Deus deseja para nós.

Reconhecer que a vida financeira caótica vai contra o propósito divino de uma vida plena e abundante é algo que precisamos entender o mais rápido possível. Devemos buscar uma mudança de mentalidade, rompendo com hábitos e comportamentos que nos levam ao caos financeiro. Por meio de uma gestão consciente e responsável de nossos recursos, como o planejamento, controle de gastos, eliminação de dívidas e investimentos estratégicos, podemos nos aproximar da vida que Deus designou para nós.

A busca por uma vida financeira saudável e equilibrada é uma forma de honrar o propósito divino em todas as áreas de nossa existência. Ao alinharmos nossas práticas financeiras com os princípios que nos foram revelados, experimentamos a plenitude e a abundância que Deus reservou para todos nós.

VOCÊ SÓ MUDA QUANDO RECONHECE QUE PRECISA DE TRANSFORMAÇÃO.

Reconheça a importância de uma vida financeira saudável e equilibrada, juntamente com o cuidado adequado das outras áreas. Busque o equilíbrio, defina metas financeiras, adote uma mentalidade de abundância e tome as medidas necessárias para alcançar a integridade e a plenitude. Dessa forma, você construirá uma vida em que nada esteja quebrado, nada falte e nada esteja fora do lugar, permitindo que viva de maneira abundante e realizada.

VAMOS À AÇÃO!

Faça uma reflexão honesta sobre a situação atual da sua vida e identifique áreas que poderiam fluir de maneira mais harmoniosa, mas estão sendo prejudicadas devido a uma mentalidade escassa.

Liste as coisas que estão quebradas, faltando ou fora do lugar e defina ações concretas para consertá-las, repor o que está faltando e colocar as coisas certas nos lugares certos.

Comprometa-se a adotar uma mentalidade de abundância e a implementar as mudanças necessárias para alcançar uma vida mais plena e fluida financeiramente.

Estabeleça prazos realistas para cada ação e monitore seu progresso ao longo do tempo. Lembre-se de que suas ações requerem comprometimento e autodisciplina, mas os resultados valerão a pena.

MENSAGEM FINAL

Amigo(a), espero que este livro tenha ajudado a acrescentar mais uma camada de certeza à sua jornada, tirado você da zona de conforto e lhe oferecido as ferramentas certas para a construção de riqueza. A partir de agora, sua determinação, sua resiliência e sua visão positiva de futuro serão fundamentais para que você coloque o foco necessário em suas finanças, pois só assim é possível enriquecer: com foco e ação!

Desde a ideia inicial desta obra e seu processo de escrita, meu objetivo foi apenas um: contribuir com sua vida financeira e compartilhar as estratégias que utilizei para me tornar rico – porém, com uma grande e importante diferença: apontando os erros que cometi e que não desejo que você cometa. Estou 100% certo de que agora você está preparado para seguir uma jornada de enriquecimento verdadeiro.

Agora você sabe que perseguir o dinheiro não é peça-chave no quebra-cabeça da prosperidade, mas, sim, direcionar seus comportamentos, pensamentos e sentimentos para a abundância. Busque as pessoas certas e as melhores oportunidades, pois, assim, prosperar fará parte do seu dia a dia, e enriquecer será algo natural.

Continue crescendo e contribuindo com o seu ecossistema, fazendo o bem diariamente, e tudo o mais lhe será acrescentado. O mapa de como chegar na verdadeira riqueza está nas suas mãos, cabe a você seguir as instruções do caminho.

Que Deus lhe agracie com abundância, paz e bênçãos.

Muito obrigado e até a próxima.

Paulo Vieira

Este livro foi impresso pela gráfica Rettec em papel lux cream 70g
em fevereiro de 2024.